U0458553

为了孩子的未来

家长不要做的

35件事

陈美龄 金子和平 著

陈怡萍 译

上海三联书店

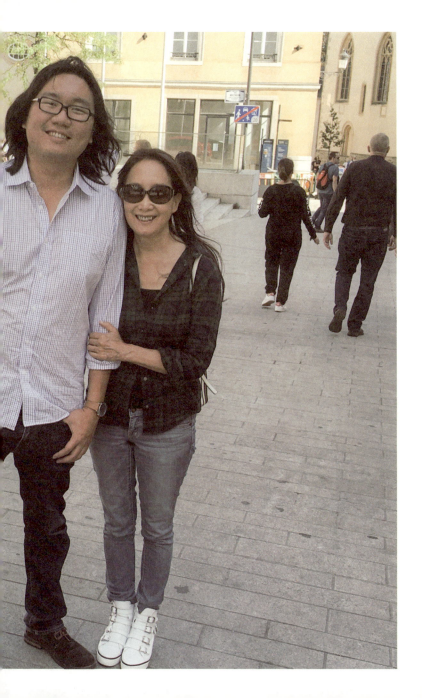

前言

孩子降生于世，任谁都会为这生命的奇迹所感动。为人父母的自豪和喜悦之情，是珍贵到无法用语言来表达的。但同时，我们也必须要有为人父母的觉悟。

生存、成长、被保护、被倾听——这是孩子与生俱来的权利。而守护好这些权利，是父母的责任。

父母疼爱着孩子，为孩子的成长而喜悦，培养亲子间的爱，和孩子共同面向未来，携手前行，直至他们长大，这是一个神圣又神秘的过程。但是其间也会出现许多难题，令父母不知道该怎么办。

教育子女，对父母来说也是一种教育。父母一边从孩子那里学习，一边逐步成为真正的"父母"。

孩子的头脑就像一片海绵，不管是好的还是不好的，他们都会全面吸收。

孩子的内心就像透明玻璃，光线或明或暗，他们都会同样接受。

所有父母都希望孩子健康茁壮地成长，想要孩子具备美好、温柔的心灵，和聪慧的头脑。为此，天下父母竭尽所能，为改善孩子周围的环境而努力。

但是，在实际育儿的过程中，有些事情是可以做的，而有些事是绝对不能做的。尤其是那些"绝对不能做的事"，非常容易被大家忽视。

请不要因为"绝对"这个字眼而过于神经质。我在这本书中，希望就着那些"绝对不能做的事情"，和大家一同重新梳理育儿的问题。

我在加拿大多伦多大学修读完儿童心理学后，于美国斯坦福大学取得教育学博士学位。

除了理论知识外，身为三个孩子的母亲，我也通过自己的实践，还有我从父母那里学到的、从前辈们那里讨教来的"秘笈"，掌握了各种育儿方法。我把所有这些结合起来，加以摸索，抚养出三个儿子。他们茁壮成长，相继入读美国斯坦福大学，现在全都已经长大成人了。

在育儿的日子里，每天都很有趣、快乐，也一直在面对各种挑战。

培育一个人的责任，实在非常重大。一想到自己一个行动、一句话都有可能左右孩子的未来，父母们就会非常紧张。

为了缓解年轻父母们的紧张，也为了使亲子一同快乐成长，在这本书里，我想把自己特别注意、特别重视的事分享给大家。

这次，我的大儿子和平，以他对我的育儿方式的亲身经验，写了一些意见，我感觉就像是从儿子那里收到了"成绩单"一样。

我相信，各位在育儿之路上遇到挑战时，这本书一定能提供些许帮助。如果大家在日常育儿时以它作为参考，实际活用起来，我会感到万分荣幸。

目录

绊　Communication

习　Learn

爱　Love

尊　Respect

家　Family

食　Food

危 Danger

心 Heart

善 Goodness

后记

Self

孩子不是大人的附属品，也并非大人的"未完成版"。无论什么时候，他都是完完整整的"个体"。只有尊重孩子的意愿、潜力、个性和能力去培育他，才能提高孩子的自我肯定力。将孩子看做一个独立的"个人"，认真对待，这样他才可以无所畏惧，勇敢追梦。

1

不要拿孩子与他人作比较

子供を他人と比べてはいけない

每一个孩子都是无价之宝，都是非常珍贵的生命，没有贵贱之分，我们应该爱护每一个孩子。

孩子们各有各的特点，不会朝着同一个方向成长。擅长或不擅长的事情，每个人都不一样。但是，许多父母总喜欢拿自己的孩子和别人比较，以确认孩子的成长，是否与周围相比处于平均水平。这样的心情，我十分理解。但是过分的比较，会给孩子带来不良的影响。

许多心理学家都说过这样的话：

"不能拿孩子与他人作比较。在比较的过程中，那些误会'自己比别人优秀'的孩子，会开始歧视别人；而那些感觉'自己不如别人'的孩子，会变得很害羞，慢慢失去自信，以为自己低人一等，不知道自己有什么潜力。到最后，自己的可能性都忘记了。"

如果父母拿孩子与他人作比较，孩子的"自我肯定力"[1]就会降低。

1　"自我肯定力"：积极接受自己、肯定自己、评价自己的能力。

让孩子拥有"自我肯定力"，是教育的基础。自我肯定力高的孩子，会认为"别人是别人，我是我自己"，他们不会与别人作比较，无论什么时候，都能明白自己是有价值的人。

自我肯定力高的孩子，不会妒忌别人的幸福，而是会为别人的成功感到高兴。因此，他们能从比自己厉害的人身上学到东西，也乐意对需要帮助的人伸出援手。

他们不会嫉妒，也不会歧视别人，能够坚毅、正直地成长。

而另一边，从小就被拿来作比较的孩子，会变得在意其他人的看法。

他们会无意识地和别人比较起来，然后开始嫉妒，比如"那个小朋友比我可爱"、"那个小朋友比我学习好"。他们还会对没有必要自责的事情感到烦恼，给自己施加多余的心理压力，总是责怪自身。

也有的孩子，会通过和他人比较来获得优越感，比如"我比较聪明"、"我比较漂亮"、"我打架更厉害"。

但是，通过看低别人而感受到的优越感，是无法长期持续下去的。这样的孩子为了自我安慰，会不断寻找比自己弱、比自己不幸的人，以获得所谓的优越感。

这样的人生太累了。为什么？因为那是"永无休止"的。

无论多么美丽的人，世上总会有人比自己更美丽。无论多聪明、多强壮的人，一定也会遇上比自己更聪颖、力气更大的人。无论是不是孩子，只懂得和别人比较的人，是一辈子都无法满足的。

所以说，不能拿孩子作比较。让我们告诉孩子，没必要拿自己和别人比。如果要比较，和自己比就行了。

今天的自己比起昨天，是不是变得更好了？

今天的自己比起昨天，是不是变得更善良了？

为了让明天的自己变得比今天更好，今天我能做些什么呢？

比如说，当孩子对你说"我想和大家一样跑那么快"时，你可以这么回答："如果想跑得快，那就和妈妈一起努力吧！但是不要和别人去比哦，要和昨天的自己一较高下！"之后可以带着孩子在公园里一起练习。

只要孩子有了一点点进步，就由心而发地夸赞他。

要让孩子明白，竞争对手就是自己，这才是最有意义的事。

即便如此，有时候别人也会用你的孩子作比较。

"妈妈，我是不是长得比别人难看？"我家大儿子上小学的时候，突然这么问我。我问他："你被谁说了什么吗？"大儿子回答："班上的同学说的。"

当时我是怎么做的呢？

我和大儿子一同站在镜子前，对他说："看，妈妈和你长得很像吧？"大儿子摇摇头说："看不太出来。"于是，我翻出自己小时候的照片给他看，"怎么样？很像吧？"他看到照片，大笑着说："一模一样！"我看着他的眼睛又问："那在你看来，觉得妈妈长得难看吗？"他摇头道："妈妈很漂亮啊！"

"既然妈妈漂亮的话，因为你和妈妈长得一模一样，所以你也是漂亮的哦！"我这么说着，一把抱住大儿子，认真严肃地对他讲："妈妈告诉你哦，比起外表的美丽，心灵的美丽更重要哦。脸蛋是无法磨练的，内心却是能不断打磨的。一个人就算长得再好看，如果他的心灵丑陋，也是谁都不会爱他的。"

一边听着一边点头的大儿子，脸上盈满笑意。而这样一张笑脸，在他长大成人后依然未变。

如果孩子能对自己保持自信，接受原本的自我，就能昂首挺胸过好每一天。

只有这样，孩子才能自由地发挥潜力。

因此，父母千万不能拿孩子比来比去，而是要全盘接受自己的孩子，给予保护并帮助他发挥长处，这才是作为父母的第一职责。

儿子说

"不拿自己和别人比较"、"自己应该同自己相比"——在我长大成人后的今天，依然会频繁思考这两点。

工作上当然是这样，兴趣和私人生活方面也是如此。"天外有天，人外有人"，而且和别人比较之后，差距又不会缩小。然而，如果努力使今天做得比昨天更好，即使最后没有得到理想的结果，我也甘愿接受，而且在挑战新事物或者不擅长的事情时，恐惧心理也一定会减轻不少。

讲心里话，我不觉得自己是那种特别有自信的人。只是可能从小受父母的教导，即使被拿来作比较，看到别人比自己成功、能力比自己优秀，我都不会急躁、嫉妒，已经养成了冷静应对的能力。也许这和一般意义上的"自信"不同，但和我本人较为稳重的性格有相通之处。我想，这正是我母亲所说的"自我肯定力"吧。

2

不要把孩子当婴儿对待

子供を赤ちゃん扱いしてはいけない

孩子从很小的时候起，就对大人们说的话有惊人的理解力。

我家三个儿子还是婴儿的时候，我就开始和他们说各种各样的话。

婴儿会观察周遭环境，特别会从母亲的表情、声音、动作等等，接收各种讯息。在这样的过程中，他们很快就能记住别人说过的话，并且掌握当前情况。

许多父母会对婴儿用"婴儿语"（比如叠字）。可能是认为对待小宝宝，可爱的说话方式比较合适吧。但实际上，这些"婴儿语"对婴儿来说不一定容易理解，反而有可能拖慢婴儿了解大人的意思。

对婴儿使用大人的说话方式，会令他们更快学会说话，也能掌握单词、语法，记住语调的细微不同等等。

所以要相信孩子的学习能力，从孩子婴儿时期开始，就和他们以大人的方式说话。

在教孩子认识这个世界的时候，不要因为觉得"他们还小，不会懂的"而放弃。面对还不会说话的孩子，也许父母会觉得说再多也没用，但事实却并非如此。

这是我家大儿子一岁时发生的事情。当时他正在吃一种用栗子做的日式点心。

　　他拿着点心的小手，突然开始往地毯上擦来擦去。虽然我对他说"这样不行哦"，他还是笑呵呵的高兴样，没有停手。

　　眼见他那张可爱的小脸，我也气不起来。但我知道，作为父母，必须告诉他"绝不能浪费粮食"的道理。

　　下定决心的我，拿出以前为日本的慈善节目《二十四小时电视》当主持人，去埃塞俄比亚时的照片给他看。我问他："这些小朋友因为内战和旱灾，想吃东西却什么都没得吃，很多小朋友因此就饿死了。你看，你却把食物往地毯上擦，这样对吗？"

　　说老实话，一个一岁多的孩子，是否真能理解我说的话，当时的我也没有把握。但他突然睁大眼睛，猛盯着那张照片，然后又看看我。

　　我摇摇头，再次叮嘱道："不能浪费粮食哦。"他伸手去触碰照片里小朋友的脸，好久都没动。然后，他把点心交到我手里，不再去搓地毯了。"谢谢你明白了妈妈的意思！妈妈很开心哦！"我一边这么说着，一边把他紧紧拥入怀中。

从那次以后，大儿子就再也不会拿食物来玩了。

当时他到底是怎么理解的呢？至今依然是个谜。但那时候我深切感受到，即便是一岁的孩子，只要你好好讲道理，一些重要的事情他还是能理解的。

孩子到两岁左右，就会每天都尝试各种挑战，测试一下"什么是可以做的呢？什么又是不能做的呢？"

比如打人啦，扔杯子或食物啦，或者想用手去碰一下火等等。每当这些时候，重要的是相信孩子的理解能力，仔细地解释给他们听。

例如可以轻轻拍打一下孩子，让他切身感受痛楚。"看，打人会痛吧？"然后再像和大人说话时一样，和孩子讲道理，解释为什么不能伤害他人。这样做，孩子肯定会以自己的方式理解的。

"看，碰到火焰会很烫吧？烧伤是很痛的哦。给你讲个故事，日本有一位叫做野口英世的有名医生，他因为小时候烫伤了手，做事非常不便。尽管如此，他还是努力做各种研究。你想想看，如果你手不好用了，会很不方便吧。"像这样反复解释，孩子肯定会理解。

"年龄那么小，不会懂的。"这样的想法，只是大人的固执己见。

孩子的理解力，一直都令我很惊讶。以我抚养三个孩子长大成人的切实体会来说，不能把孩子当成婴儿对待，这是很重要的。

儿子说

小时候，我经常被大人说很"倔强"（可能现在他们还是这样觉得）。当然了，我也许真是一个倔强的小孩吧。不过我想，父母"不把我当婴儿对待"的教育方法，也为我的倔强作出了"贡献"。

因为不管大人说我什么，给我下怎样的指示，我都会问："为什么？""怎么会这样？"当中并没有什么特别的理由，只是小孩子的反抗心作祟，不想就那样轻易地听从大人的话。但不管什么事情，母亲总是会给我解释，直到我接受并理解。

托她的福，现在我们三兄弟比一般人更会辩论、更有逻辑。不管是多么稀松平常的事，我们家人之间也都不是用情感，而是用道理来决定。曾经的"倔强"，如今似乎已经变成"爱讲道理"了。

3

不要埋没孩子的个性

子供の个性を殺してはいけない

社会心理学家经常把日本社会称作"Role Perfect Society"，意思是每个人都想要把自己的角色做得完美的"角色完美主义社会"。

这个社会对每一个角色都有一定的标准，完美的家庭主妇、完美的妻子、上班族、母亲、父亲……等等。女人在跟友人参加聚餐时所展现的样子，不同于在丈夫面前的时候；男人面对妻子时，不同于在公司里的样子。人们在不同场合扮演着不同的自我。

这是使社会顺利发展的某种规则，却令表现出真实的自我成了禁忌。大家即使抹杀自我，都要扮演好自己"被期待的角色"，不扰乱四周的和谐被认为是一种美德。

在"枪打出头鸟"的社会氛围里，孩子不知不觉就会认为"和别人一样就行了"或"不能引人注意"。

上小学时，课堂上老师一提问，学生们立刻踊跃举手，嘴里迫不及待地喊着："我会！我会！"而到了中学时期，孩子们开始在意周围人的反应，愿意举手的孩子急剧减少。等上到大学，课堂上一大半的学生，对于老师的提问已经没有任何回应。

学习的场所，是通过老师与学生之间的交流才成立的，从中能诞生出新的学问。一旦提出自己的意见，就会引起别人注意，所以不提意见更好——这样的风气实在太遗憾了。

在职场上也是这样。上级在说话的时候，大家都沉默不语，即便心里有意见，如果自己没有被问到，就会觉得难以说出口。

然而如今的时代，需要的是新思想、新创意。培养出不介意周围人的眼光，能够直抒己见的年轻人，是学校和父母一项不可忽视的课题。

当然，依照时间、地点、场合（Time, Place, Occasion，简称TPO），遵守规则是很重要的。但是，一旦过了头，就会埋没人的"个性"。生活在全球化社会，"个性"是孩子们最大的武器。如何拓展他们的个性，是很关键的一点。

话虽这么说，父母也不想见到自己的孩子将来不被社会所接受。那么该怎样做，才能既做到融入社会，又保留孩子的"个性"呢？

首先，我认为最重要的是告诉孩子"多样性"的乐趣。

我经常和儿子们说："就是因为世上有各种各样的东西存在，每天才会快乐哦。"

在公园赏花时，我会说："你看，有那么多不一样的花，很棒吧。不同的形状、颜色，都非常漂亮呢。""如果花儿都长得一样，会很无聊吧。"

在动物园看动物时，我会说："你看，动物们都不一样，真有趣呀！"

接着再说到："我们人也是这样，因为大家都不同，所以才有意思，才会过得很开心哦。""如果大家都长着一模一样的面孔，声音也一样，会很奇怪，很无趣吧。""所有人的脸、肤色、头发颜色都不相同。所以我们这个世界才那么有趣、精彩哦。"

为了让孩子明白"所有人都做一样的事并不一定最好"的道理，我还和他们讲了这样一个故事：

有一天，动物们决定去隔壁学校看看。老师对大家说："大家一起走路去吧！"身上长翅膀的小鸟问："我的腿短，可以飞过去吗？"老师回答："不行，大家要一起走路去！"海豚问："我可以游泳过去吗？"老师回答："不行，大家必须一起走过去。没有特殊待遇。"好了，这下麻烦了！小马和小狗不一会儿就走到了终点，但是小鸟走得很困难，海豚更是快累死了。

本来大家可以用各自的方法到达目的地，但因为老师无视每个人身上不同的特点和个性，造成有些孩子无法发挥出实力。

听完这个故事，孩子抛出了一个天真的问题："那我是海豚吗？还是马？"

我歪着头露出疑惑的表情，并鼓励他："是哪个呢？妈妈也不清楚。但重要的是提起勇气，以自己的方式行动哦！"

那么，你的孩子是"小鸟"？是"海豚"？还是"马"呢？或者其他别的什么动物？

不管怎样，希望各位不要忘记，只有父母能发现自己孩子的个性，也只有父母能给予孩子勇气，守护好他们的个性。

请给予孩子们鼓励吧："TPO 是很重要，社会的规则也必须遵守。但记住，千万不能抹杀自己的个性哦。和别人不一样也没关系！与人不同正是你优秀的地方！灵活运用自己的个性，保持自我，向着海阔天空自由迈进吧！"

儿子说

小时候，我也曾经希望"和别人保持一致"，"融入大家"。但讽刺的是，长大后我反而非常想拥有"和别人不一样的地方"和"自己的特色"。

大概我从小时候开始，就没有完全符合同龄孩子或者所谓一般社会的步调。因此我长大以来，从没后悔过"要是我以前再有个性一些就好了"的想法。在美国创业，成为经营者之后，对于工作上的同事，就像"小鸟和小海豚"故事里说的一样，我也建议他们"不要去改正自己的'短处'，重要的是如何活用自己的长处来工作"。

我从小就非常喜欢看图鉴书、去水族馆、收集昆虫标本。或许就是因为母亲告诉过我，要有一份"享受与他人不同"的心态吧。如果将来我有了自己的小孩，我想我也会教育他去拥抱人类、自然和文化的多样性，成为有敬重之心的孩子。

4

不要代替孩子作选择

子供の代わりに選択してはいけない

人生就是不断"选择"的过程，每天的"选择"将决定你的人生。作出明智选择的人，人生就能幸福美满；相反的，作出愚钝选择的人，就只能过着苦日子。

　　育儿的一大目标，就是把孩子培养成为一个当站在人生转角的时候，能够作出最明智的选择的人。为此，需要从孩子小时候起，就对他们进行"选择"的训练。所以说，父母绝不能代替孩子作选择，反而更应该尽可能多给孩子选择的机会，这是很重要的。

　　比如说，可以打开冰箱问孩子："今天中午想吃什么？我们来看看吧。有马铃薯，还有猪肉呢。这些材料能做点什么？马铃薯炖肉？可乐饼？姜汁烤肉？"像这样，把信息灌注到孩子小小的脑袋。

　　重点是，先给他们看看有什么材料，让他们想象一下能做什么菜，然后重新问"你想吃什么？"因为如果只是嘴上问"想吃什么"，孩子一般只会回答"随便"之类的话敷衍一下。然而，只要事先提供资料，让他们想象，再提供选择，孩子就能自主思考，给出答案。通过这样的方法，能够训练孩子自己作选择。

虽然是微不足道的事，但比起总是父母来决定，孩子不闻不问，有什么吃什么，不如让孩子参与选择的过程，不但能帮他们学习掌握作选择的方法，更能从中获得乐趣。

比起父母为孩子选好衣服，让孩子自主思考和决定穿什么衣服会更好。不要机械式地问孩子："今天准备穿什么出门？"而是在言语间夹杂可供判断的信息，再让他们自己做决定，例如："下午似乎会变凉哟。""昨天你穿的是红色衣服吧？""今天有生日祝贺会呢。"

如此一来，孩子就会懂得选择最适合自己的行头了。通过这样的过程，孩子能够自己判断状况，也能思考自己的立场和TPO等等各种各样的事情。

不断反复训练，孩子就能成长为擅长作出抉择的人。

我家大儿子要上幼儿园的时候，我正好在美国斯坦福大学念博士学位。

由于对美国的幼儿园不是很熟悉，我询问了教授。

教授向我推荐道："有一家蒙特梭利式的幼儿园，我觉得那里挺好的。"因为当时很流行蒙特梭利教育法，于是我没有半点迟疑，就决定把孩子送去那儿了。

可是，大儿子不喜欢那家幼儿园，每天早上都哭着不愿去。虽然热心的校长特意来家访，努力和大儿子沟通，他就是对这家幼儿园喜欢不起来。

我这才意识到一件事——当初没有问过大儿子："上这间幼儿园行吗？"

后来，我亲自带着大儿子参观了好几所幼儿园。其中有一家开在斯坦福大学校园内的小型幼儿园，也不知为什么，大儿子似乎非常满意，明确表示"我喜欢这里"，立马开始和里面的小朋友一起玩。看着他兴高采烈的样子，我开始反省："要是一开始就让他选就好了。"

自从转到自己选择的幼儿园以后，大儿子变得十分活跃，没过多久，英语也说得很流利了。之前每天哭哭啼啼的日子，就像从未发生过一样！自此以后，大儿子就变成一个很喜欢幼儿园的孩子了。

当然另一方面，孩子有时也会作出错误的选择。

比如买冰淇淋的时候，明明是自己选的味道，尝了一下却抱怨不好吃。这时候，父母千万不要说"那我们买其他的吧"、"那就和妈妈的交换吧"这样的话。

如果是性命攸关的问题，那当然另作别论，否则要是孩子作出了错误选择，让他们尝尝苦果，这也是教育的一环。

当孩子经历失败之后，重要的是与他们交流讨论："有没有更好一点的选择呢？"或者试着询问孩子："为什么会选这个味道的冰淇淋呢？"让孩子给出理由，比如"因为以前没吃过"、"因为颜色好好看"。

接着父母再给出建议："看来还是先试吃一下比较好啊。"这样一来，下次遇到同样的状况，孩子就会主动提出"请让我试吃一下吧"。

能否作出明智选择，并不是遗传基因决定的，而是需要后天积累的经验与训练。父母能为孩子提供选择的机会越多，孩子能学到的也越多。

儿子说

　　为什么在社会或商业世界里，那么重视决断力呢？我觉得理由有三点：第一，无法果断作出选择的人很多；第二，要作出正确的选择很难；最后一点，很多人作了错误的选择，却无法承担后果。重要的是，如果能解决第二和第三点，那么第一点也就迎刃而解了。所以在孩子小的时候，就要训练他作出正确选择的方法，教育他对选择的结果负起责任。这对孩子的将来一定大有用处。

　　我人生中最困难、最重大的选择，就是离开日本的家人，去美国的寄宿制高中留学。当时我只有十四岁，能放手把决定权全盘交给年幼的我，父母想必也需要相当大的勇气吧。

　　而幸运的是，这个选择从各方面来看，算是得到了正面的结果。而正因那次决断是由我自己作出的，更有着不可估量的价值。

力

Strength

所有孩子都拥有与生俱来的潜力。如果加以教育，他的"脑力"将会蓬勃发展；如果简慢待之，"脑力"则会萎缩消失。这同养育植物是一个道理，浇水、晒太阳，需要日常给予呵护和营养。孩子的"脑力"变好还是变差，取决于父母的教育方式。

父母的一点点努力，将会大大帮助到孩子。

5

不要让孩子的生活一成不变

同じような毎日を過ごさせてはいけない

我们经常听到这样的育儿建议："孩子每天安稳地生活很重要。决定好一整天的行程，要让孩子的每一天都过得有规律。"

早晨几点起床，几点吃早饭，几点去公园玩，几点睡午觉等等……然而，这样的做法，对于孩子的大脑发育绝不是一件好事。甚至可以说，零至三岁期间，每天让孩子有不同的体验，令他们的生活充满刺激，大脑发育才会活跃起来。

人类的脑细胞数量，每个人基本相同，但是连接细胞的神经元突触[1]却因人而异。一般来讲，神经元突触越多，大脑运转速度越快。

零至三岁，是大脑产生最多神经元突触的时期。每次受到外界新的刺激，就会产生新的神经元突触。所以说，比起每天生活一成不变的孩子，生活丰富多彩的孩子会产生更多的神经元突触。

正因为这样，有必要让孩子的每一天过得有变化。

――――――――

1　大脑传递信息的接触构造。分为输出神经信息和输入神经信息，是人类学习、记忆的细胞结构。

比如说，可以尝试每天早餐换换花样，或者换个地方用餐，餐具也变化一下。

请不要总是待在同一个公园，和同一群小朋友玩，偶尔也坐车去其他公园看看；就算去的是同一个公园，也可以试着故意绕绕远路，看看与以往不同的景色。诸如此类的行动，其实非常重要。

不要每天给孩子看一样的电视节目，应该看看其他频道。

像这样，通过给予各种新的刺激，孩子的大脑才得以顺利发育。

如果孩子要上托儿所，父母每次去接孩子的时候，请和孩子多多交流吧。

例如可以走走不一样的回家路，或休息日带孩子去动物园，或接触大自然的山水，让孩子感受四季变换，森林万木的清香，花儿的缤纷色彩，泥土的湿润触感等等，给他们各种不一样的体验。

不论是用手触摸，用眼睛看，用耳朵听，用嘴巴尝，什么感受都可以，请给孩子的五官带来更多刺激吧。

人即使过了幼儿时期，神经元突触依然会持续产生。

八岁以前，孩子的大脑以惊人的速度吸收外界事物，从而变得复杂。据说在八岁时定下的 IQ，一生都不会改变。所以在这期间，能给予孩子的大脑多少刺激，是父母育儿时的课题。

看书，做运动，去美术馆，与动物接触，写诗歌等，通过给予刺激让孩子的大脑全速运转，他们就能广纳百川，不断成长。

一旦过了八岁，大脑就会慢慢开始切断用不上的神经元突触。

具体年龄因人而异，但一般来说，到了十二至十四岁，孩子擅长和不擅长什么，喜欢和讨厌什么，就会开始定型。这是大脑完全发育的结果。

到此之前，如果能产生大量神经元突触，让大脑变复杂，孩子的选择就会更多。这些孩子在考虑事情的时候，思路也更广，不会东绕西绕，能够直接理解，成为一个头脑敏捷的人。

一直以来，我尽量努力让儿子们每天都有不一样的体验。

冬天的寒冷，春天的繁花，夏天的大海，秋天的红叶，有意识地让他们体验精彩的四季之景。饮食上注重"五色五味"[2]，使用多种食材制作料理，也注意更换不同花样。

有次丈夫傍晚回到家，突然说："我们去泡温泉吧！"我就问："孩子明天还要上学，怎么办？"孩子爸爸回答我："休息一天没关系嘛。"然后，我们就这样临时出门去旅行了。

孩子当然非常开心。休息一天没去学校，令他们之后更加努力学习。

习惯了每天跟着相同时间表的孩子，一旦时间表变了，就会感到巨大的心理压力。他们每天在相同的时间点起床、吃饭、去学校、做作业、玩耍、吃晚饭、洗澡，

---

2 "红、黄、绿、白、黑"五种颜色和"甜、酸、咸、苦、辣"五种味觉都用来做菜。这是以中国的阴阳五行说为根基，也是日本和食中的一项基础。

最后睡觉。这样的时间表一旦被打乱，就会令孩子产生压力。

但是，我家儿子们因为知道每天做不一样的事是理所当然的，造就了他们随机应变的能力。即便周遭的生活环境发生突变，他们也不会慌张。比如吃饭晚了不会抱怨，睡觉时间变少不会感到烦躁，完成不了作业也不会慌张。他们之所以在任何时候都能稳重行事，就是因为从小就过着张弛有度、富于变化的日常生活。

人生中总有各种突发状况。

为了赋予孩子随机应变的能力，请一定让他们的生活过得有松有紧。

"随机应变"，这确实是我父母很喜欢的一个成语。特别是在我上小学之前，我记得几乎每天都会去母亲的工作场所，例如电视台、各地的演唱会会场等等，身处不同的环境，感觉每天如同冒险一般。虽然父母一直非常忙碌，但他们还是让我有了丰富的经历。

我是否因此提高了IQ，这我不敢确定。但我有自信无论处于什么样的环境、怎样的情形中，都能惬意快乐地度过。得到新的经验是一件好事，我现在也不断努力，尽可能多尝试不一样的事情。

多亏了父母的这一教育方法，我们兄弟三人都有一些特殊才能。比如说，无论在多严酷的环境里，三个人都能睡觉。另外，我们都不挑食，什么食物都乐意一尝。只有一个问题，就是摆脱不了熬夜的习惯，每天总觉得有点睡不够（笑）。

6

不要令孩子讨厌文字

"文字嫌い"な子にしてはいけない

我们的文化，是通过把各种的知识和思维化为"文字"而开始的。通过文字，我们将知识流传后世，文明才得以开化。因此，文字对人类社会也好，对每一个人也罢，都是成长之路上不可或缺的，非常重要的东西。

喜欢文字的孩子就会喜欢读书，也爱读报纸。当然了，学校里的学习也不会觉得很辛苦，写文章也自然变得很拿手。

主动追求知识，能令他们增广见闻，度过多彩丰富的人生。自然地，也能够灵活把握人生机遇，掌握克服困难的能力。

所以，不能令孩子讨厌文字。

"怎样做才能培养孩子喜欢上文字呢？""从几岁开始教写字比较好？"新手妈妈们，想必会发出这样的疑问。

我想，要回答这些问题，有三个要点。

首先，是让孩子"爱上读书"。接着，让孩子"用游戏的方式自学文字"。最后，让他们"学习跟得上这个时代的文字"。

要让孩子"爱上读书",从他们小时候起,就得告诉他们"书本是非常有趣的"。当然,如今是互联网时代,即使不是用纸做成的书也可以。总之,要让孩子觉得"阅读是最有趣、最开心的",循循善诱,将他们的心引入书本的世界。

从我家儿子们还是小婴儿的时候起,我就和他们一同看书。还没学会抬头的婴儿,眼睛看得也不是很清楚。最初我也是半信半疑:"孩子真能理解吗?"

但是,就连小宝宝,也会被颜色鲜艳的绘本强烈吸引住!他们的眼睛追着我手上的动作看,又想用手摸一摸纸页。当我读出声音时,他们还会跟着发笑,或是露出惊讶的表情。等到孩子开始学会说话时,我发觉他们已记得书的内容,会跟着我一起念书上的字句!

不知不觉,孩子会自己拿起书本看里面的画,或拉着我,要我给他们读。

自从孩子出生以后,我家到处都是书。

有买来的,有借来的,有新有旧……为了不使孩子腻烦,我准备了各种书籍。每个孩子喜欢的书都不同,令藏书的数量不断增加。

全家人星期天一起去书店，购买各自喜欢的书，然后在咖啡店边喝咖啡边阅读，已经成为我家的一大乐趣。我们很重要的交流方式，就是互相聊聊读过的书，或者交换着看。这样做的结果就是，我家三个儿子变成了名副其实的"书虫"。

想让孩子学会认字，可以使他们通过游戏，享受自己学习文字的乐趣。当孩子能够以快乐的方法学习时，认字就不再是一件苦差，同时记忆也能更加牢固。

我为了帮助儿子认字，在家里墙壁上贴了一张我自创的日语字母表。每个字母下面都有一个相对应的、十分细小的图画，原理就像学英文时的"A for apple"，画颗苹果那般。

一开始，我牵着儿子，凑近给他看字母和图画，觉得差不多应该记住了，就尽量让他离墙壁远一些，接着问他："那个字是什么呀？"如果他说不知道，就对他说："靠近看一下就知道了。"然后让他自己走到字母表旁边。他一看到图画，联想出是哪个对应的字，就会恍然大悟，兴奋地喊出正确答案。

记不起来，就让孩子自己走过去确认。这样孩子就不会觉得是别人教他，而是自己学会的。通过这种方法，孩子一下子就学会了日语和英语的字母。

中文字也可以用同样的方法，孩子一边玩，一边学习，用自己的速度自学，这是最好的学习方法。

另外，让孩子记住"迎合时代的文字"也是必要的。自己国家的语言当然要懂，如今英语作为世界共通语言，也是必备的技能。而且在这个时代，不单单是文字，计算机程序设计的符号——"coding"（程序设计语言）也成了一种语言形式。在欧美国家，有的地方从小学开始就有程序设计课。

我建议家长，除了学习英文外，不如走在时代前沿，让孩子学习程序设计吧。孩子们从小接受训练，现在我家二儿子和小儿子也能读写程序设计语言，对专业和学习都有很大的帮助。

文字是跟着时代变化的。程序设计语言既是未来的语言形式，也是使计算机运行的文字，对于未来的成年人来说，应该是必须学会的。

　　文化和技术，也是通过文字不断发展下去的。为了让孩子紧跟时代的步伐，过上充实的人生，请不要令自己的孩子讨厌文字。

儿子说

　　我们三兄弟之间，实际上我最不擅长看书。两个弟弟几乎每天都读完几百页厚的书，而我的话，还是更喜欢读短篇、图鉴或者杂志、报纸之类的。也许实际的信息量并没有多少不同，如果有看到特别在意的内容，我也会一个不漏地查个底朝天，这一点从小到大都没有改变。

　　只要出现了感兴趣的事物，自然就会喜欢上文字。一旦对父母和学校里的朋友都不了解的事物产生兴趣，不管是通过书本还是网络，自然就需要从文字信息中获取知识。

　　反过来想想，我父母使我喜欢上文字，也成了我好奇心的来源。

7

不要在孩子向你提问时说"等一下"

子供の質問に"ちょっと待って"と言ってはいけない

每个孩子的好奇心都相当旺盛。一有不明白的，就会一直抛出问题，而且大多是挺难回答上来的，例如："为什么大海是蓝色的？""为什么动物会死？""为什么地球是圆的？""为什么鸟会飞？"

有些孩子，长大后依然喜欢问问题，充满好奇心。另一方面，也有些孩子，不知从什么时候开始，对任何事都毫不关心了。他们为什么会变成这样的呢？分歧点在哪里？

我想，问题是出在孩子提出问题时，大人回应的方式上。

孩子们都是天真无邪的，遇上感兴趣的事物，就会"打破砂锅问到底"。这时候，如果大人积极回答的话，孩子就会学到"提问题是件好事"。

相反，如果父母采取消极的回答，例如"等一下"、"现在很忙，一会儿再说"、"那种事情我怎么知道啊"等等，孩子就会觉得"提问会麻烦到人"，以后再有不明白的事情，也渐渐变得不想提问了。

还有，如果大人回答"连这种事情都不知道吗？"

之类，让孩子觉得自己被取笑的话，孩子就会想"不知道是很可耻的"、"一问问题就会吃亏"。以后别说提问，说不定更会将不知道的事情隐藏起来。

如此反复下去，孩子的好奇心就会被击垮，对任何事都漠不关心了。

对什么都不感兴趣的孩子，IQ和学习能力都会下降。不提出问题，不懂的事情就会一直不懂下去。好不容易有了获得知识的机会，却眼睁睁看着它溜走。长此以往，学习能力会下降，获得知识时的喜悦也会减半，体会不了与别人一同学习的乐趣。

我希望自己的儿子们能够"每事问"，所以，只要他们一提问，首先我肯定会表扬他们说："问得真好！"而且，即便手头在干其他事情，也一定会停下来，认真地聆听孩子的问题。

如果是当场就能答上来的问题，我会立刻解释给孩子听；如果是当下不知道答案的难题，那么就算要中断手头的工作，我也会和孩子说："我们一起查查看吧！"然后饶有兴致，热心地和孩子一起寻找答案。

当找到答案之后，和孩子一同欢呼雀跃，并表示感谢："真是谢谢你向我提问哦！妈妈也学到新知识呢。"

这样做，孩子就会记住"提问是件受欢迎的事"，从而不断提出自己的疑问。

作为父母，绝对不要嫌烦，通过和孩子一起解开各种"疑难杂症"，他们会变得越来越博学多闻，真切体会到获得知识的乐趣。

激发孩子的提问能力，并且促使他们提问，是父母的责任。这样能让孩子的好奇心不断膨胀，知识也会变得丰富起来，让孩子觉得"活着可以与新鲜事物相遇，是开心的事情"，从而帮助他们走上积极向上的人生道路。

所以，如果下次你的孩子再提出问题，即使你正在做菜，请先把火关了，看着孩子的眼睛，表扬他："问得真好！"

儿子说

"为什么大海是蓝色的？""因为大海像镜子一样把蓝色的光反射出来。"

"为什么会这样呀？""因为海水会吸收除了蓝色以外的光。""那又是为什么呢？""光有波长，而水会大量吸收波长长的光。""怎么会这样的？"

……就像这样，对于孩子的提问，父母从第四个问题开始谈到量子力学，然后第五个问题就被迫要用哲学来解释了。这种时候，重要的是不要漠视他的问题，再来就是告诉孩子"大人也有不知道的事情"。如果不知道，之后只要好好学习就行，一点都不用感到羞耻。我小时候，真的经常和母亲一起调查了不少难题呢。

尤其如今这个时代，在网上一查马上就能找到信息。如果养成了有疑问就立马调查的习惯，孩子长大以后，不就能变成不断学习和进步的人了吗？

Communication

所谓家人，并不是因为有血缘关系才称之为家人。所谓家人，是只要一想到他们，心里边就会暖洋洋的。

父母一定要告诉孩子，家人即是"信赖"、"爱"、"安心"的代名词。这在以后会成为引导孩子走向幸福人生的重要基础。对于父母的人生来说，也是最好的褒奖。

8

不要只想听孩子的话，自己却不愿说

一方通行で子供の話を聞いてはいけない

有时候，当你问孩子："今天过得怎么样啊？"他们会回答你"没什么"、"一般般"，不跟你说真心话。我想，这是因为作为父母的你，只是想单方面听孩子的话，忘记了谈话是双方面的。

想要孩子跟你说话，那就必须由自己先开口。亲子沟通是双向的，这是最基本的一点。如果想要听孩子讲这一天发生的事，就要先说说自己的一天是怎么过的。父母积极讲述有关自己的话题，会令孩子更容易开口，自然就愿意说出自己的事情。

"今天妈妈参加电视节目的外景，是去钓鱼哦。钓得比专家还多呢，厉害吧？那你呢，今天过得怎么样？"当我这样问孩子之后，孩子也敞开心扉："马上要到班级发表会了。妈妈你觉得这个题目怎么样？"

"今天妈妈在演讲会上，讲了参加联合国儿童基金会的视察活动时，遇到的非洲小朋友的故事哦。"像这样先聊聊自己的事情，对话就能继续下去，孩子也跟着说："那下次妈妈也来我们班里说给同学听吧。"

如果父母对孩子报告每天发生的事情，孩子也会愿意向父母报告他自己的一天。互相了解对方每天过得如何，会令亲子关系变得非常稳固。

　　知道孩子日常是怎样过的，一旦发生什么问题，父母就可以尽早察觉，也能理解孩子的心理和身体状态。如果和孩子无法有效沟通，那么，即使孩子在学校或者和朋友之间发生了什么不快，父母也无法立即帮助处理。

　　因此，需要有意识地制造出孩子容易倾吐心声的场景。

　　像我的话，就经常拿自己的问题和烦恼与孩子们交流。

　　"妈妈今天本来想讲得更好的，但是失败了……"
"没关系的，妈妈。我今天本来也想跑更快的，结果还是没能办到嘛……"诸如此类，通过向孩子倾诉自己的烦恼，孩子也会和你说说他的烦心事。

　　我重视和孩子们保持对话，对他们说："无论什么事都可以和妈妈说的，妈妈会细心聆听你的话。发生什么事，我们可以一起思考，不要一个人藏在心里烦恼哦。"

父母是无时无刻都在想着孩子，担心这担心那，时刻都做好了与孩子谈心的准备。如果能把这份心思传达给孩子，孩子会更加有勇气向你倾诉。

如今，我家儿子们更会反过来说："妈妈，你要是有什么困难，随时和我们说，因为我们是一家人。"双向沟通的通道，确实在我们之间打通了。

从儿子们小时候起，我就会把自己的朋友介绍给他们认识。这样做以后，孩子们也会把他们的朋友介绍给我。

比如，我向孩子介绍某个朋友时说："○○叔叔有一个双胞胎兄弟哦！"孩子回答我："我们班级里也有双胞胎的同学哟！"然后真的在后来的某一天，他把他的双胞胎朋友介绍给我了。

再比如我说："△△阿姨的爸爸生病了……"孩子接着回我："啊，□□的爸爸现在也在住院呢……"

作为父母，一定会很关注自己的孩子在交什么样的朋友。一方面我把自己的朋友介绍给孩子，另一方面，也更加积极地了解儿子们朋友的情况。当然，我并不会进行过多的干涉。但是，事先了解孩子在交什么朋友，和朋友们的性格，我会觉得安心一点。

慢慢地，我和儿子的朋友们也变得熟络了，多了不少年轻的聊天对象。在我的朋友圈中，也有和我儿子关系特别好的人。像这样交到"忘年交"，真是一件幸福的事。

除此以外，我和儿子们也会聊聊最近在读什么书啦，在听什么音乐啦，经常保持交流，互相推荐喜欢的作品。通过这么做，自然就能了解孩子脑子里到底在想什么，对什么事物感兴趣。而且最重要的，是能互相加深理解，增添愉快时光。

如果只是想单方面听孩子的事情，就表示父母还是把孩子当成小孩子来对待。父母与孩子对等沟通，孩子也会向父母敞开心扉，理解大人的心情。

无论年龄多小的孩子，都要把他当做一个人来对待，这是很重要的。

儿子说

　　我觉得我和母亲的双向沟通，从某种意义上来说，是一种报告的义务。不光是去上学，也不光是和朋友玩，我为了向母亲报告，还会在每天的生活中找各种话题和结论。不可思议的是，通过这样每天都在寻找话题，不知不觉间，感觉每一天我都能带着目标去行动了。

　　另外，这和前面说过的"不能把孩子当成婴儿对待"也有关系。很小的时候，我就经常能大大方方地听到父母聊工作方面的事情。当然，当时那些合同、负责人之类的话，我还不是很理解。但到了今天，那时掌握的沟通能力，在我工作中或与人交往时，感觉确实起到了作用。

9

不要在孩子自己提出之前跟他们分床睡

子供が望むまで別々に寝てはいけない

心理学家经常说："婴儿和母亲一起睡，感受母亲的气味和温暖，就能安心入眠。"

以前东方的习惯，是父母和小孩一家三口呈"川"字形睡在一张床上。这是个非常好的文化，然而随着西方文化的渗透，如今婴儿和父母分开、独自睡在婴儿床上的情况，已经非常普遍了。

和父母分床睡觉的习惯，真的对婴儿有好处吗？什么时候开始和孩子分开睡最好呢？

稍早以前的美国，流行让孩子独自一个在床上睡觉，以培养孩子的自立心。但是，最近的研究证明："孩子和父母一起睡，对他们的身心成长有帮助。"

特别在婴儿时期，我建议父母和孩子睡在一起。

和宝宝一起睡，他们肚子饿了、尿布湿了，感觉热或者冷，甚至发烧的时候，父母能立刻发现，也就可以尽早处理问题。

母亲从生理本能上来说，也尤其担心宝宝。一旦分床睡，就会陷入不安，睡得不踏实。但是只要母子睡在一起，就可以缓解紧张感，和婴儿一同安稳入眠，大人小孩都能睡好。

像我的话，就是在儿子提出想独自睡觉之前，都保持一起睡的习惯。

我家三个儿子都是在六岁左右提出"想在自己床上睡觉"的。在此之前，都和我睡同一张床。多亏如此，孩子们极少做噩梦，也不会尿床。在床上，我们会玩许多游戏，聊很多话；我会给他们唱许多童谣和摇篮曲，而且还读了不少书。

在床上，我们一起欢笑，一起流泪，一起歌唱，一起游戏，制造了许许多多的美好回忆。那张床是所有家庭成员都可以安下心来的地方，也是一家团聚的地方。

和孩子一起睡，实际上对于没有充足时间带孩子的父母而言，也是最简单直接地表达爱的方式。

"没有时间和孩子在一起……"由于全职工作，许多父母都陷入这样的烦恼中。但是，无论多忙的父母，应该都能和孩子一起睡吧？孩子只要和大人一起睡，就能在无意识之中感受到父母的存在。仅做到这一点，就能传递给孩子父母的爱。

早晨醒来，见父母在身旁，孩子就能切身感受到"被保护着"、"被爱着"。因为这是父母向孩子表现爱的最直接和简单的方式，所以，在孩子自己提出希望之前，没有必要分床睡。

等孩子长大一点，他们自然会想要属于自己的空间，父母不用担心没法培养他们的独立心。分床睡的时期，因不同孩子而异。有的孩子很早就想自己睡觉，有的孩子直到七八岁仍然想和父母睡一张床。

无论怎样，孩子早晚都会自己提出分开睡的。在那以前，我们就以孩子的愿望为先吧。

儿子说

睡前的时间对家人来说，无疑是很重要的。我父母每晚睡前，都会给我讲自创的睡前故事。妈妈想了一个充满正能量的冒险故事《企鹅物语》，而爸爸则完全是喜剧路线的《大放屁，屁太郎》。两个故事都非常好玩，每天晚上听他们讲故事，是一天当中最大的乐趣。

对我来说，家庭这个空间，是能让我开心、兴味盎然，感到安心又温暖的环境。一个小孩子，一个人，只要有家人在身边就能满足，这难道不是最棒的幸福吗？我们家的大床，可以说正是这种幸福的象征。

10

不要对孩子不守诺言

子供との約束を破ってはいけない

对孩子的承诺，绝对不能打破，否则孩子就会认为"爸爸妈妈说谎了"。孩子是从父母那里学习信任他人的，如果父母说谎，孩子就会失去对人的信任，自己也变成一个不遵守诺言、撒谎的人。

如果想让孩子成为诚实的人，作为父母，绝不能随随便便许下无法遵守的承诺。一旦许下承诺，就一定要遵守。

比如，明明之前说过"下个假日，我们一起去踢足球吧"，可到了那天却用"昨天爸爸喝酒喝多了，早上起不来呀"等理由失约，孩子就不愿意相信别人了。

哪怕是为了让孩子知道，父母是可以信赖和依靠的，再小的承诺都必须遵守。即使在大人眼里不是什么重要的事情，对于孩子来说就是个大问题："我都盼着和爸爸踢足球那么久了……"孩子会感到失望，心里所受到的伤害，超出大人的想象。

而且，下次父母再做出什么承诺，孩子也会怀疑。这样的事情反复发生的话，不光是对父母，孩子甚至再也不相信任何人了。

如果碰到实在令人无法遵守承诺的事情，一定要诚心道歉，并和孩子耐心解释。比如可以说："爸爸不想和你说假话，但是真的发生了使爸爸遵守不了承诺的事情。真的对不起啊。"需要这样解释，直到孩子接受为止。

和孩子们之间的承诺，我肯定会遵守，到现在为止，基本上没有打破过。但是，要守约也是相当辛苦的。

例如每年儿子们的生日，我都会亲手做生日蛋糕。如果因为工作而晚回家，就算通宵也要做好。因为我觉得，只要做过一次承诺，再累也必须遵守。

我把孩子们哄睡着之后，半夜里开始做蛋糕。我家三个儿子，每个人每年都有不一样的要求，有时还相当刁钻："今年我想要恐龙造型的蛋糕。""我喜欢长颈鹿！"

无论我多么努力，也总有失败的时候。如果失败了，我会不断重新做，有时要到第二天早上才做好。即便如此，只要看到孩子们欢喜的笑脸，所有的辛苦都是值得的。

再比如，万圣节的时候，小朋友会穿上各种服装扮演不同的角色，而我每年都会亲手做服装给孩子。孩子会提出各种要求："我想要变成牛仔！""我想当警察。"有时我提前好几天开始制作，还只是勉强赶得上。

虽然很累，但这些牺牲了睡眠时间才守住的承诺，孩子们如今依然清晰地记得，成为一份美好的回忆。

父母的努力，孩子们一直都看着。看到大人们努力的样子，我想他们一定会相信："就算再艰难，妈妈也肯定会遵守和我们之间的承诺。"而这份信任，会在孩子的人生里给予他们巨大的支持。

如果身边有自己从心底里可以信赖的人，每天都能安心地生活。作为父母，是否能成为这样值得信任的人，就全靠大家每天的努力了。

儿子说

坚守诺言，不仅能加深亲子间的信任，还可以加深孩子对父母的理解。母亲彻夜给我们做蛋糕的时候，不光意味着她遵守了我们之间的承诺，也让我感受到她虽然很忙，但仍然为了我们拼命努力的心意。

如今，这也成为我对待重要的人的标准。当然首先是"不撒谎"，"努力遵守承诺"的态度也很重要。同时我也学到了一点，那就是如果你真的重视对方，并为此付出努力，这份心意对方一定会接收到的。

顺便一提，母亲做的蛋糕非常厉害。特别是那绿色的恐龙蛋糕，真是无与伦比的杰作。

11

不要小看自家的独特 "暗号"

我が家独特の "暗号" の力を軽く見てはいけない

有一种说法，指人类是通过"归属感（belongingness）"去体会自己的价值，从而拥有生存意义的。

我不是孤独的，我有朋友，有需要我、爱我的人。这样的心境，会给人活下去的勇气。如果失去这份心境，人会变得自暴自弃，不会好好珍惜自己或他人。

因此，"羁绊"非常重要。

对任何一个人来说，所属的最基本的团体就是"家庭"。

孩子并不能自己选择去属于哪一个家庭，正因为这样，才需要父母的努力。孩子出生以后，在养育的过程中，让他们心甘情愿地成为家庭的成员。

即使血脉相连，现实中也有关系不深的家庭。真正的羁绊，是一家人每天一起生活才会形成的。家人间互相依赖，从而产生伙伴意识。相互关心，从而产生亲情。

那么怎样做，才能增强家人之间的伙伴意识呢？我建议可以从创作只有家人才明白的"暗号"和"有趣的惯例"开始。

我觉得我们家的伙伴意识算是比较高的。但这不是自然形成的，而是因为我有意识地创立了许多只有我们家人才知道的"暗号"和"有趣的惯例"。

在儿子们婴儿时期，我经常会抱起他们，跳起舞来。转着圈圈，边唱"Chachachaa, jonbarakacha"边跳。这没有什么特别的意思，不是日语也不是中文或英文，只是有节奏地重复唱而已，连我自己也不知道为什么会选这句话。

我家三个儿子也会像念咒语一样，嘴里一边重复这句话，一边跳起舞来。对他们来说，这就像摇篮曲一样，至今都记得很清楚，一提起这句话，大家就笑得十分开怀。

我长年担任联合国儿童基金会大使，为了了解世界各地孩子们的现状，每年都要去一次国外视察。当我出任务不在家时，每次我都会给孩子们做一个"惊喜包包"。如果是出门十天不回来，每个人每天一个包包的话，一共得做三十个。

我会事先放些小玩具、书、零食等在"惊喜包包"里，然后交给日本的工作人员，拜托他们每天藏在家里某一个角落。孩子们一起床，会先开始找"惊喜包包"，期待着打开看里面有什么。这成了我们家三个孩子最爱的习惯。

"就算妈妈不在，我们也不会难过。""看到包包里的东西，一天就很有干劲。"如今时不时回忆起这事，儿子们都会很是怀念地和我聊起来。

另外，我还会创作许多只有我们家人才会玩的游戏。比如文字接龙的时候，会定下例如"只能接漂亮东西的词"、"只能接臭臭的东西的词"等规矩，下各种功夫使游戏变得更有趣。

还有每年举办一次"饺子大会"，比赛谁吃得最多饺子，搞一个"大胃王竞赛"。

每年感恩节时，大家会聚在一起烤许多南瓜派。派的饼皮是用弄碎的饼干做原材料的，儿子们帮忙把饼干装进塑料袋里，然后"咚～咚～咚～"地砸碎，花一整天都我完成这个任务。做好的南瓜派会派给朋友，或带回学校和同学分享。当晚我会烤一整只大火鸡，填入火鸡肚子里的馅料是栗子或蘑菇，也是大家合力制作的。火鸡每年都吃不完，剩下的鸡肉会用来做三明治，孩子们常说："三明治才最好吃呢！"

新年也有特别节目。我家有个规矩，元旦那天每个人从头到脚都要穿新的，因此我们习惯新年前一同出去购物。就连内裤和袜子都要买，是很大的工程！"这下一整年都不愁穿了呢。"可以说，这是我家每年必不可少、肯定会遵守的习惯。

另外，一年里的最后一天，会让孩子们通宵。"小孩在年末最后一天迟迟不睡觉，父母才会长寿哦。"大家一起吃过年面，看电视，聊天，玩游戏，一直到深夜。这也是我们家的惯例之一。

我家也有各种秘密暗号。一提到"○○○"，就会回答"△△△"。这些暗号，至今已经成为了我们在不同地方使用的密码。每次输入这些只有家人知道的密码，就能感受到家人之间的羁绊。

这种幸福的感觉，不是语言可以表达出来的。如果家人之间有共同的习惯、只有家人才知道的规矩，那么互相之间的关系也就更深。不知为何，心里也会变得暖洋洋的。

"我不是孤独的。""家人的羁绊会守护我。"就算爸爸妈妈不在身边，这样有趣的习惯、秘密的暗号，也一定会永远留在孩子们的心中。

请你也尝试创作只有自己家人才懂的"惯例"和"暗号"吧。我相信一定会在孩子心里留下很美好的回忆。

我家是香港和日本结合的国际家庭，而且母亲有留美经历，因此我们的庆祝节日很多。从日本新年开始，春节、立春、女儿节、复活节、七夕、盂兰盆节、中秋节、万圣节、感恩节、圣诞节，每月举办各种节庆活动。再加上家人过生日之类的，虽然很开心，但也真的很忙。

家人之间的"暗号"，也许正是像这样根植于家人心中的共通"文化"和"传统"吧。日本和中国的节庆祭典、习惯，让我感受到身为日本人和中国人的骄傲。家人之间的庆祝、习惯，让我体会到身为家庭一员的自豪。

通过将这样的家族"传统"代代相传下去，我觉得能使家人们的关系更融洽、稳固。

Learn

孩子一般都非常喜欢学习。

学习即是生存，人如果不学习就无法生存下去，所以不管什么样的孩子，天生自然就拥有学习的欲望。

要使孩子更积极、更快乐地学习，作为父母可以做的事情有很多。只要花一点点功夫，孩子就可以发挥出自己的能力。

12

不要把学习与游戏区别开来

勉強と游びを区别してはいけない

不能给孩子造成"学习是辛苦的，游戏是快乐的"这样的印象。我一直希望让孩子觉得，学习和玩耍都是开心的。

比如和孩子说"做完作业再玩"的话，相当于告诉孩子，做作业是必须完成的"辛苦的义务"，之后会有"快乐的奖励"——游戏等待着他。所以我一直对孩子这样说："学习是很开心的。做作业和玩耍是一样的哦。"

"获得新知识是很有趣的。"为了培养孩子想要学习更多、知道更多的心态，最重要是让他们以游玩的感觉来学习。

怎样做才能养成自主学习的习惯呢？

关键在于使孩子们实际体会到学习的乐趣。

孩子小的时候，我为了让他们记住水果、鱼、花的名称，会故意说错。比如一边吃橙一边和孩子说："这个香蕉真好吃呢。"这时，孩子会立马给我纠正："错了，错了！这是橙呀！"接着我们就会顺势聊许多关于橙的话题。这样一来，橙的知识就能深刻地留在孩子的头脑里。

此外，像动物园、水族馆、美术馆、博物馆、科学馆，我们家都经常去。看一看、听一听、摸一摸、闻一闻，有时还会尝一尝，通过这样做，孩子学习起来非常快。我就是这样一边玩游戏，一边使孩子掌握知识。

等孩子稍微长大一点，帮助他们记忆的方法也得相应改变。例如学习地理时，我和孩子经常玩这样的游戏：参加者想到什么国家名称，就轮着往下说。说到出现重复的国家名而说不出新国名的人，就算输了。通过这个游戏，孩子们能记得越来越多的国家名字。

接下来提高难度，互相说各国首都的名称。再往后，还可以说各国元首名字，看国旗图片猜是哪个国家，等等。诸如此类，以游戏的感觉让孩子们汲取知识。用这个做法，孩子们不会觉得烦闷，不知不觉就会爱上学习。

在学校里的学习其实也是一样。我为了使孩子们更开心地做作业，下了许多功夫。

在做汉字测验的练习时，我使用了自创的独特记忆法。"'羊'变'大'，就会很'美'哦。""把'米''分'开来，就会变成'粉'哦。"等等，将汉字立体化，以游戏的方式让他们记住。

测验之前，我会以游戏的方法和儿子们竞猜出题的范围："如果你是老师，想想看明天会出什么样的问题呢，我们来猜猜看！是妈妈猜对，还是你能猜中呢？好期待哟！"

我们互相出题目，尝试答问题，在这过程中，孩子不仅可以复习，还能让他们自己考虑问题的答案。考试那天，他们还十分期待，看看是自己还是妈妈猜中，令考试也变成了游戏的一部分。

每天坚持这样做，渐渐会令孩子觉得"学习原来这么好玩！""获得新知识原来这么令人兴奋！"孩子的求知欲会不断提高，怎样算是学习，怎样算是玩耍，就再分不清了。这正是理想的学习形式。学习也好，游戏也好，都非常开心。一旦孩子不再区分学习和玩耍这两件事，就说明成功了。

将小学时期的学习内容立体化，一边让孩子玩耍一边教他们，并不是一件难事。

只要付出一点点努力，收集教科书上没有的信息，很容易就能使学习变得更有趣。只要让孩子感受到学习的乐趣，即便他们之后进入初中、高中，成为大学生，走入社会，他们也能自己主动不断地寻求新知识。

因此，从孩子小时候起，尽可能不要把学习与游戏区别开来，这是很重要的。

> ## 儿子说

我们家确实有许多只用讲话、手势、动作来玩的游戏。到现在我们兄弟聚在一起的时候,人高马大的三个人还是会边玩动物单词接龙,边畅快喝酒,或者在排队时玩手指相扑。因为我们兄弟之间的竞争意识挺强的,以前为了游戏能赢,我记得大家私下还会偷偷练习呢。现在我才知道,原来这也是母亲育儿方法的一环。心情虽然有点复杂,但不管怎么说,最终我们孩子玩得开心,也就无所谓了。

虽然说不要把学习与游戏区别开来,但事实上,学校的作业我是普通地应付的,也从没觉得学习很辛苦。母亲经常对我们说她很喜欢学习。十四岁以歌手身份出道,十七岁来日本,所以学习这件事对母亲来说并不是什么痛苦,某种意义上更是一种珍贵的权利吧。面对有如此经历的母亲,我更觉得自己没有资格抱怨"不想做作业"。

13

不要只重视结果

結果だけを重視してはいけない

有句话是这么说的："好的结果胜于一切。"可是真是这样吗？

在得到"结果"之前，应该还有朝着目标努力的"过程"才是。从教育学的理论来说，最关键的其实是过程。我们是怎样学习的？是怎样获得结果的？在这个过程中，有没有什么值得评价的点？

最近，教育理念比较先进的学校，不仅会看学生的答案，还将学生如何得出这个答案的过程，也一并作为评价的对象。

然而现在，还有许多学校仍处于"重视结果"的阶段，成绩不好的学生就被认定为"差等生"。慢慢地，有些孩子就会觉得"反正自己不行"，自暴自弃。

这时候，作为父母应怎么办呢？

首先，请父母告诉孩子，为什么会有考试这个制度。

在人类历史中，普及教育实际上是直到最近才实现的。想上学的孩子很多，但学校数量却不足，因此需要甄选优秀的孩子，分数高的孩子才能得到受教育的机会，形成了考试制度。换言之，考试是以前挑选出优秀孩子最直截了当的方法。结果，孩子们不同的优点被忽略，只有分数高的孩子得到认同。但是，这并不是挑选人才的最佳方法，因为本来就不应当只重视结果。但现实和理想并不一样。

"一个人真正的优点，仅仅通过考试是不会了解的。但是，如果不达到最低的分数要求，社会就不会认同你。要是不能升学，长大之后就做不了自己想做的事。所以反正一定要考试，那就快乐地学习吧。"像这样和孩子解释，让他们理解这不合理的现实，和结果不代表一切，然后一起学习。

而且最重要的，是让孩子喜欢上学习。并不是只追求高分，而是应该好好理解内容，快乐地学习。前面我也说过，通过立体化的学习，孩子会觉得学习很开心，从而自己主动去做，在游戏中学习。

父母要经常确认，孩子是否真正理解清楚学习的内容。

不要向孩子发火："六十分！为什么你不再好好努

力一下呢？"而是和孩子这样说："六十分！说明你学会了六成啊。那剩下四成是什么呢？我们来查查看吧。"然后与孩子一起复习他没搞清楚的内容。

明明有不明白的地方，置之不理的话，接下来的课程不懂的就更多了。这样下去，成绩会越来越差。小学阶段的学习，父母应该是有能力教的。彻底找出孩子不明白的地方，然后解释到他们理解为止。

眼前的分数并不是问题，关键是有没有真正理解学习的内容。若孩子理解了内容，并且乐意主动追求更多知识的话，那么孩子就会喜欢上学习，自然也就越来越自信。如果喜欢上学习，考试成绩也会顺势提高。

最最重要的，是找到孩子擅长的科目。孩子如果有喜欢的科目，就会很乐意学习。

对于"喜欢小朋友，以后想当保育员"的孩子，可以尝试对他说："想要成为保育员的话，应该学什么呢？"这么一来，孩子就会朝着自己的目标，调查该学习什么，变得热衷于学习。

对于"喜欢旅行"的孩子，可以对他说"那就学习地理吧",或"学人类学也不错呢",使他对异域文化、人类历史等产生兴趣。

如果孩子说"喜欢火车",可以告诉他除了世界各地的铁路之外,和交通工具相关的职业也都调查一下,让他学习这方面所需要的知识。

喜欢的事情,自然就会变得擅长。想要孩子自发学习,首先要找出孩子的喜好。而且,孩子在擅长领域上的学习成绩提高,拥有自信以后,其他领域的学习成绩也自然会跟着变好。

在运动方面,有些父母或老师也是只重视结果。运动原本的目的,是锻炼出健康的身体。但总有些教练和父母只是追求优秀的成绩,认为比起孩子的身心健康,倾尽全力获得胜利更加重要。

"没有获胜,就没有任何意义!""为了团队,一定要取胜!""加油!不许输!"像这样每天被念叨,当输掉比赛的时候,孩子就会产生"自己没有价值"的想法。这实在太可惜了。

请告诉孩子:"做运动是为了使身心健康,胜负只是随之而来的结果。""身体健康，交到朋友，还有大家一起努力的时光，这样就已有足够的价值了。所以胜负并不代表一切。你的努力绝不会浪费。"

只看结果的评价方法，到头来只会培养出许多毫无个性的、相似的人。今后这个世界，无论是 IT 还是技术革新的领域，都得靠拥有一技之长的人发现新事物，创造新价值。正是因为这是一个需要这种人才的时代，父母要挖掘出孩子擅长的领域，然后不断给予培养。

儿子说

考试这回事挺不可思议的，有的人就算不怎么学习，照样能取得好成绩；但有的人考试成绩再优秀，出了社会也得不到成功。也就是说，虽然测验或者入学考试这个过程，是打开未来之门重要的一站，但它本身并不能为你的将来作任何保证。正因为这样，学习也好，运动比赛、工作也好，重要的是分清社会认同的评价，与自身可以接受的结果之间的差异。

回首过去，我以前为了考试，学习还是挺认真的。偶尔我也试过没有考到好分数，但是，我父母从没有因为这样而对我生气。当然，因为没有复习才没考好的情况除外。

随着年龄增长，每个人都要由自己来决定"结果"和"成功"的定义。现在让我想想自己的原动力在哪儿的话，我觉得就是基于父母对我的这句教导——"重要的不是结果，而是努力过后的成就感"。

14

不要勉强孩子上课外活动班

習い事を无理やり続けさせてはいけない

最近的小孩子，要学很多很多东西。游泳、体操、钢琴；上完补习班还要学芭蕾，甚至还有足球和棒球……很多孩子，在学校以外的日程非常繁忙。

趁孩子还小，让他们多多体验确实很重要。但是，当中也有孩子会对这些课外活动产生抵触心理，抱怨着"不想去"、"不想练习"。这时候，还应该让他们继续学下去吗？还是让他们放弃呢？

"一旦开始做，就要坚持到最后，就算再辛苦也还是要继续下去吧……""可是，孩子明明不喜欢，硬要他们继续学好像也……"家长的烦恼，我也能够理解。

这时候，请父母和孩子商量："你为什么不想去呢？""就只是讨厌课外活动本身吗？""还是和一起上课的朋友相处得不太好？""是觉得累，想减少一些课吗？""还是说有其他想做的事情？"等等，仔细询问理由之后再作决定比较好。

如果了解到真的是不喜欢某个课外活动，那就不要再勉强孩子继续下去了。因为孩子究竟适合学习什么，父母和孩子都不一定清楚。因此，建议让孩子尝试上各种不同的课外活动，直到找出他真正喜欢的。

也有这样的情况：原本是孩子自己提出来"想上"的课外活动，等开始之后却马上又说"不想上了"。

我家三个儿子有段时间也进入过棒球队、足球队。最初是他们自己说要去参加的，但进队以后，又发现他们不喜欢，也不热心。如果继续下去，对于队伍还是孩子，都没有好处。于是我找孩子们谈，让他们退出球队。比起硬勉强他们参加，不如让孩子多花时间去找其他真正喜欢的课外活动。后来，孩子们换了学合气道和羽毛球。这两样他们都很感兴趣，一直学习到初中毕业，得到了非常珍贵的经验。

我也一直有让孩子们去学钢琴，因为演奏乐器对于大脑发育有好处。但是，他们一点都不愿意练习，完全没有进步。但我没有强迫他们练习。

当我仔细询问孩子时，才知道他们并不是讨厌音乐，而是相比起钢琴，有其他更想学习的乐器。大儿子喜欢萨克斯，二儿子和小儿子喜欢吉它。幸亏学过钢琴，他们再学其他乐器时，很快就能顺畅地演奏了。特别是二儿子，尤其喜爱音乐，还会自己作词作曲，自弹自唱。

如果当初我坚持让他们继续操练钢琴的话，说不定他们会变得连音乐本身都很讨厌呢。所以细心观察孩子们的爱好是非常重要的。

学外语，趁小时候开始是最有效的。

拿我自己来说，我在香港从幼儿园起就接受英语教育，结果自然而然掌握了英语。

从小开始学语言，孩子无意识间就能记住发音和语法。我家三个儿子的英语和中文就是从两岁左右开始学的，英语非常顺利就学会了。因为同时还在学日语，所以日语也没有怠慢。因为学校没有中文课程，中文方面进步很慢，但不知道是不是因为从小一直听中文发音的关系，儿子们上了高中，在学校开始学中文之后，比第一次接触中文的同学进步得更快。

如果想让孩子学外语，我建议尽早开始，比如在家里放外语歌、外国电影给孩子接触也是一个办法。

我没有让孩子上太多的课外活动，但我想让儿子们学习折纸、剪贴画、抛豆袋、童谣等传统游戏和文化，十分幸运地，我找到了一位这样的老师，每周一次到家里来为孩子上课。多亏如此，儿子们在陶艺、泡茶、做风筝等方面，虽然只是模仿的程度，但都体验了一遍。

孩子如果从小开始了解自己的文化，会增加自信心，懂得如何与外国人相处。这些经历在孩子今后面临人生的转折点、需要自己摸索出道路的时候，将成为很好的参考资料，也能变成他们的精神支柱。

在发现孩子真正喜欢的课外活动以前，请父母耐心地观察孩子，倾听孩子的心声吧。

我觉得，如果可以的话，最好是由父母直接教孩子。只要是父母自己擅长的东西，什么都可以教。由父母手把手教，将成为孩子非常美好的回忆，是一生珍藏的宝物。

当然，去补习班或教室上课也无妨。但如果会给家庭造成负担，我还是认为没有必要上太多课外活动课。

我以前学钢琴的时候，的确是疏于练习。现在想来，所谓适合自己的才艺，我觉得应该是自己"能学好的东西"。小时候，朋友圈里有不少会弹钢琴的孩子，更有好几个弹得非常好。而我在吹奏乐社团的时候，玩萨克斯的只有两位前辈。当时我想，这个我应该可以吹得不错，于是便开始学吹萨克斯。

无论什么领域，学习新事物的技巧都是很重要的。就算是没能长时间坚持下来的课外活动，在过程中也能自然掌握技巧，比如应该怎样和老师或其他学生相处，怎样练习，怎么保持学习动力等等，所以并不存在什么无用功。

从父亲那里学会的钓鱼，母亲那里学会的做菜，现在想来都是很重要的学习呢。话虽如此，钢琴没有怎么练好，我还是觉得相当不好意思。没能成为会弹钢琴的帅气大人，也让我有点小后悔。

Love

爱着他人，就是无论何时都希望对方幸福。

父母的爱是无私的，从不吝啬自我牺牲。但是，亲情也是复杂的，有时也会处理不好，会因为爱而心烦，因为喜欢而痛苦。

但是，只要不忘记对孩子的爱，无论遇到什么样的苦难，都能跨越过去。只要相信爱的力量，育儿过程中就会不断得到感动。

15

不要对孩子感到不耐烦

子供にイライラしてはいけない

在育儿时期，父母不知不觉就容易感到烦躁。就算明白不可以急躁，可孩子就是不听话，也不好好睡觉，哭又哭个不停……

那么，怎样做才不会情绪烦躁呢？

无论孩子干什么，我都一直抱着幽默感来看待。

例如，孩子哭个不停，我就会感叹："真厉害啊，能一直哭到现在。"

孩子不肯睡觉，我会说："是不是今天没玩够才睡不着呀……那我们再玩一会儿！"干脆就让孩子起身玩个痛快。

孩子不听我的话，我就说："看，你不听我话，说明你学会了新知识！好呀，有进步！"

诸如此类，任何事都积极地看待，一笑置之的心态，正是使自己不烦躁的诀窍。

有不少父母都为婴儿晚上哭闹而烦恼。

我以前也遇到过类似的烦恼。大儿子两个月左右的时候，如果我不抱着他，他就不愿意睡觉。给他喝完母乳，本以为已经睡着了，但一放到床上，他立马开始哭起来。我再把他抱起来，又会好好睡了。我抱着他累了，和他一起躺倒在床上，他又会开始哭。如此反反复复，令我真的有点精疲力尽。那时我尝试这样去想：

"出去旅行坐车或乘飞机的时候，也会坐着睡觉呀。那我就当现在是抱着这孩子去旅行吧。"这样想着，我坐在沙发上，想象自己坐在飞往夏威夷的飞机上，想象蓝天和海滩。这么一来，不知不觉我和宝宝都睡得香香的，一觉醒来就到了早上。

大人不烦躁，孩子也开心，亲子都精神满满！这就是我的主意。

照顾二儿子的时候，遇到了"鼻涕事件"。

他两岁时的某天，大家中午一起吃乌冬面。当时正患感冒的二儿子打了个喷嚏，鼻涕流了出来，我就拿了张纸巾帮他把鼻涕擦掉。没想到，二儿子猛地抓起那张纸巾，放进了我的乌冬面里！眼见这一幕，我连阻止都来不及，惊讶到说不出话来！看到我惊讶的表情，二儿子担心地问："怎么了？妈妈，你怎么啦？"我就一边摆出悲伤的表情，装作在哭，一边对他说："纸巾不能放到乌冬里嘛！"二儿子回了一声"噢"，一脸疑惑的表情，小脑袋似乎正在转呀转，想啊想。

接着，他突然想起什么似的，笑脸盈盈地把自己的手伸进我的乌冬面里，一把抓起浸透了汤汁的纸巾。然后两手拿着纸巾，竟然在碗里绞出汤汁和鼻涕！他笑呵呵地说："妈妈，没关系没关系，一点没少，你看一点没少哟！"原来，他以为我难过是因为乌冬面的汤汁少了，多有趣的想法呀！

看着眼前这碗混入了鼻涕的乌冬面，再瞅瞅儿子那张满足的小脸，我忍不住噗嗤笑出了声。二儿子催我："妈妈，快吃，快吃嘛。"虽然我真的不想吃这碗面了，但看到他的表情，我一边回答"对哦"，一边爽快地把乌冬面津津有味地吃完了。

孩子的想法真是太有意思了！会开玩笑、搞小恶作剧，也说明了孩子正在成长。这样来思考的话，父母就会轻松许多，也不会感到不耐烦了。

孩子会走路以后，跟父母一起出门，有的孩子会撒娇："我要抱抱！"

我经常在路上看见有孩子一边哭，一边跟在父母身后。乍看大概会觉得这孩子挺任性的，但其实，只是因为孩子真的走累了而已。和大人走同样长的路，小孩子会累得更快。其实家长不是狠心，相信因为大人也走累了，才希望孩子自己走，这样的心情也不是不能理解。

也有的家长为了锻炼孩子的毅力，教导孩子"要用自己的双脚走路！不能撒娇！"看着哭个不停的孩子，作为父母，肯定也会觉得很烦心吧。遇到这样的情况，我是怎么做的呢？我会和孩子解释，让他来帮助我。

二儿子出生后的某天，我带着两个儿子一起去公园玩。在回家的路上，三岁的大儿子玩累了，缠着我一定要我抱。毕竟正处于爱撒娇的年龄，也是没办法的事情。

但是，那时我身上已经抱着睡着的二儿子了，不可能再把大儿子抱起来。于是我努力和大儿子解释一番。"妈妈没办法一次抱你们两个人，怎么办？"大儿子看着我，很快理解了。当我提出建议："要不稍微休息下吧？"他立马点头答应。

我们在路边找了一处不会妨碍路人的地方，三个人一起休息。我在自动贩卖机上买了饮料，和大儿子一边分着喝，一边聊天。逗他笑笑，让他恢复些精神，再问他："现在能走了吗？"这样一来，他基本上都会回答我"没问题"，然后继续自己走路。

我还会和孩子一边玩些小游戏一边走路，比如定这样的规则："不可以踩到石砖之间的接缝处哦。""先发现花的人赢哦。"或者在回去路上的点心店，买一串丸子和一个红豆饭团，一边走一边吃。

只要稍微转变一下思路，原本让你心烦的事情，也能变成无可替代的快乐时光。只要换一个角度，孩子的任何行为看上去都会变得很可爱。只要心中充满了爱，就不会有烦心的空间。

孩子每天都以惊人的速度成长，父母不妨怀着幽默感，享受孩子的成长过程吧。

儿子说

关于"鼻涕事件",我觉得应该关注的重点,是母亲对着两岁的孩子装哭吧。谈到亲子关系,一般都会认为是父母单方面照顾孩子,很少向孩子展现自己的弱点。但是父母会在家庭以外的地方堆积压力,感到劳累也是自然的事。这种"不想让孩子看到自己有压力"的心态,我想反而会令大人感到心烦气躁。

但是,冷静思考一下就会发现,孩子也是想慰劳父母,让父母轻松一点的,因此父母不妨稍微放松一点,卸下心防,才能防止自己总是觉得心烦。

孩子方面,以家务或跑腿以外的方式成为父母的依靠,也会有成就感。了解到父母和自己一样,是有感情的普通人,对孩子来说也是件好事。

16

不要偏爱其中一个孩子

兄弟に、愛情の差をつけてはいけない

作为父母，我相信大家都明白一个道理："对孩子们的爱，绝不能偏袒。"但实际上，并不是那么简单就能做到的。

因为就算父母认为自己没有偏爱，孩子的感受却未必相同。有的孩子比较容易感受到父母的爱，有的孩子却比较难理解到情感的传递。因此，当后者的孩子认为父母在偏袒其他兄弟时，孩子们之间可能会产生嫉妒心理。

为了让孩子们保持良好的关系，父母对他们的爱绝对不能偏袒。如果孩子觉得父母对自己的爱不足够，他就会感到自卑，甚至变得会反抗父母。这样一来，亲子间的交流变得越来越难，关系也会往不好的方向发展。

我就曾经几乎被自己的二儿子误解。

成为大学生的二儿子有一天竟然对我说："从小我就没得到过妈妈多少关注。"但在我眼里，我对于三个孩子的爱都是平等的。

确实三个孩子里面，二儿子不像其他两个那么让人操心。但即便如此，我自问已经很注意要同等对待三个人了。然而，二儿子竟然有这样的想法，也许真的是憋在心里很久了……当我对他说："绝对没有这样的事哦。"二儿子却回应："算了，算了。我也无所谓。"可我心里仍然有点无法释怀。

回想起来，因为大儿子是我第一个孩子，初次为人父母，喂奶、洗澡、上幼儿园，每一件事都是一次新的挑战。从某种意义上来说，大儿子就类似我的"同志"一样，我们无话不谈，相互抚慰对方的不安，共同学习进步。

而轮到二儿子的时候，由于我已经开始掌握当父母的窍门了，比起和二儿子商量，有些时候会单方面地教导他。而且，二儿子和大儿子之间只差三岁，我忙于同时照顾两个孩子，也许疏忽了和二儿子面对面好好谈心。

终于意识到这个问题的我，当二儿子主演的大学原创音乐剧，确定要进行世界巡回表演时，我决定尽量陪他一起去。虽然不能去到所有的行程，但是在中国、韩国、美国等地的演出，我都请了假前去捧场支持。

一开始二儿子总对我说"不用勉强的啦"，但后来也慢慢向我敞开心怀。公演的休息时间，我会和他还有他的朋友一起吃饭，在酒店聊天，谈了很多事情。

公演的全部行程结束，最后在纽约举行了庆功宴。宴会会场上音乐响起，大家都开始起身跳舞。这时，二儿子向我走来，问我："能和我一起跳舞吗？"虽然我拒绝道："妈妈不会跳舞呀……"但是他的朋友们立马站起身鼓励我"跳吧！跳吧！"于是，二儿子温柔地引领着我跳起舞来，我感觉宛如做梦一般。结束时，二儿子对我说："我非常理解妈妈了。一直以来似乎都是我误解了你。我真的很感谢。Mom, I love you."

亲子之间不知不觉产生的这层隔阂，终于得以填补，我高兴到难以想象，泪流满面。

所以说，即使父母认为自己对孩子们的爱是平等的，由于孩子的感受不同，也有可能会产生误解。有时候要确认一下自己的爱有没有真正传达到孩子那里，如果孩子有误会的话，一定要每次都认真解释，清楚地向他们传达爱意。

父母是不是为了孩子在努力，孩子心里非常清楚。

即便不是那么完美的父母，只要孩子能理解父母在努力地给予他爱，孩子就会受到这份爱的支持，拥有自信，坚强地生活下去。

有多个孩子的家庭，关键在于不要比较孩子们，要重视每一个人的心情。

"对自己孩子的爱，不可能会偏袒。你和你的兄弟姐妹，我都一样爱你们！"请不要羞于表白，无时无刻用语言、态度和行动表现给孩子们看吧。

　　我们三兄弟关系非常好。弟弟升平比我小三岁，协平比我小十岁。协平出生之前，我也会和升平吵吵闹闹，是比较典型的兄弟关系。但是自从岁数相差较大的弟弟出生以后，我和升平都感到身上多了一份责任。我记得当时我们帮着弟弟换尿布，照顾洗澡，经常两个人一起照顾弟弟。

　　于是，我和升平之间那种兄弟的竞争意识消失了，感觉成了为照顾协平而组成的搭档。而我们俩都会主动照顾弟弟，也正好证明了我们并没有感觉到从父母那里获得的爱有什么差别。

　　即便是家人，也很难把自己的爱表达给对方，会感到不好意思。我想我自己今后也要更加努力。

17

不要阻止孩子高中时期谈恋爱

高校時代の恋愛は止めてはいけない

喜欢上别人，是再自然不过的事。人对异性抱有爱意，互相结合，才能继续生命的接力。

到了青春期，孩子就会开始对异性产生兴趣。遇到喜欢的人，身体会有反应，会在意那个人的存在。小鹿乱撞，光是见到对方就很开心，这样的感觉非常幸福。

产生恋爱的感觉后，就会想要珍惜对方，希望对方获得幸福……这是人类最美好的情感。而这个过程，是成长之路上一个非常重要的体验。

一般来讲，孩子从初中时期开始，就会萌发这样的情感。但毕竟还是初中生，和异性一对一单独交往还是早了一点。单相思倒没关系，建立正式恋爱关系的话，初中生还是过于年幼。

等上到高中，过了青春期，精神方面回归稳定后，父母可以禁止孩子和恋人有肉体上的男女关系，但恋爱本身，我认为没有必要限制。因为如果这样做，就是在阻断孩子的自然成长。

父母经常会说："比起恋爱，不是还有更重要的事情吗？"也有父母会说："希望你集中精力在学习和考试上。""马上就要考大学了，谈恋爱是浪费时间。"

听了这些劝告的孩子，就会极力抑制住自己天然的情感需求，尽可能忍住对异性的兴趣，告诉自己："就算没有男朋友／女朋友，也完全没问题。"时间久了，孩子就会理所当然地认为："根本没必要谈什么恋爱，我对异性也没什么兴趣。"

这样的孩子成人之后，恋爱方面就会变得很笨拙。

他们连主动寻找恋人都不懂，就算身边出现了喜欢的人，也无法好好将自己的心意告诉对方，结果导致不少人晚婚，或者不婚。

高中生对异性产生兴趣，是理所当然的现象。意识到异性的存在，才会慢慢有大人样，变得成熟。女孩子开始关注自己的外表，男孩子开始热衷于学习和运动，努力展现自己有魅力的一面。

想要受到异性的欢迎，会激励孩子们进行自我磨炼。男孩子有了女朋友，会突然变得更帅；女孩子有了男朋友，也会突然变得更美，这是很自然的过程。

我在给儿子做性教育的时候，教他们无论男生或女生，都一定要非常珍惜彼此；还跟他们强调，性行为必须是以爱为基础的表现，是伴随着责任的；同时也提到性行为会生小宝宝，所以除非两个人决心成为父母，否则必须注意不能怀孕。

但是，我并没有禁止儿子们喜欢上人，甚至谈恋爱。我只是明确和他们说："作为学生应该要做的事情，就要先好好做到。"

我的三个儿子，都是各自上了高中以后才交女朋友的。我感觉他们一谈恋爱，自信心就增强了，还变帅了。光是体会到"这世上有喜欢我的人"，就已经很美好。

特别是三儿子交了女朋友以后，变得非常认真，学习成绩提升得很快。因为他想在女朋友面前有好表现，所以非常努力。二儿子交了女朋友以后，作曲才能进步不少，写了许多很好听的情歌。大儿子则是比以前更自信了，和女朋友相处属于主导的一方。恋爱让他们都长成了男子汉，这让我切实感受到恋爱的正面作用。

　　爱上别人，是很美好的事情。无法体验恋爱，是非常可惜的。当然，不可以沉溺恋爱，迷失自己，忘记自己的本分。但是，从高中时期开始，经历一场对身心成长有帮助的、健康的恋爱，绝非坏事。作为父母，不要妨碍孩子长大为"人"。

儿子说

回顾自己初中、高中时代的人际关系，一方面，那是单纯培养人与人之间羁绊的时期；另一方面，也感到朋友之间的竞争意识和交往上的压力。当中恋爱也是特别重要的一环，要说这段时期的恋爱观会左右今后的人生，我想一点也不为过吧。

讲老实话，我不认为父母能够控制孩子不谈恋爱。但是在恋爱经验的质量上，我想孩子多少也会间接地受到父母的影响。因为初恋时，父母就是孩子最好的模板。如何对待珍惜的人，怎样表达感情？最最重要的，就是希望对方如何对待自己。

看电视剧或者书、漫画，也许也能获得提示。但实际上，父母平时的行为已经是孩子的模板。虽然父母无法阻止孩子谈恋爱，但关于如何积累好的恋爱经验，应该可以给孩子一点建议。

尊

Respect

夫妻之间需要互相尊敬，亲子关系也是如此。

父母想要被孩子尊敬，教育过程中不能伤害孩子的自尊心。我们应对自己身为父母感到自豪，更希望让孩子觉得"成为爸爸妈妈的小孩真的太棒了！"为此，父母们对自己和孩子都必须怀着敬意。

18

不要做不希望孩子做的事

子供にやってほしくないことは親もやってはいけない

孩子是看着父母的背影成长起来的。不希望孩子做的事，自己也不能做。

比如父母一边和孩子说"不要说别人坏话"，一边却在聊别人八卦、说别人不好，这样孩子就会认为："大人说的和做的怎么不一样呢。"

听到父母不经意对别人口出恶言，孩子也会对自己的朋友说同样的话。

为了孩子，父母平时一定要注意自己的行为。

我自从成为母亲，生活就发生了剧变。之前的我是一个贪睡的人，早上总是起不来。但是后来为了做孩子们的早饭和便当，每天都起得很早。虽然一开始时是有点辛苦，渐渐也能带着笑容起床了。

而且，我再也不会说像"好累啊"、"好困啊"这样的话了，而是只说积极乐观的话。"和你们在一起，妈妈很开心哦。""你们能吃妈妈做的饭，妈妈很高兴。"等等。因此，我家三个孩子每天早上不会赖床，准备也很迅速，一句抱怨都没有，高高兴兴背着书包去上学。

在乘坐交通工具的时候，可以见到不少父母要求孩子举止规矩。但是，也有许多带着小孩的父母做不到这一点，令旁人侧目。

我从三个儿子小时候开始，就教他们在公共场合怎样注意自己的行为。坐电车时，不会让兄弟三个并排坐着，父母一定会坐中间。为了让他们安静愉快地待在公共场所，我下了一些功夫，比如告诉他们"我们要小声说话哦"，或给他们吃点小点心，玩点小游戏之类的。如果孩子哭了，我会立刻把他们带到车厢之间人少的地方去。我也经常教导他们："车厢是给大家舒服地分享的地方，我们不能大声喧哗哦！"

有的孩子在电车、巴士上吵吵闹闹，引起他人反感，其实责任还是在父母身上。如果父母忙着自己聊天、看手机，不好好看紧小孩，小孩当然会开始闹腾。不管是什么样的场所，都要事先准备好不会让孩子感到无聊的小物件。然后认真地和孩子解释，一起待着，就不可能发生问题了。

通过我各种努力，三个儿子乘坐公共交通工具的时候，行为举止都变得非常好。

如果想让孩子在公众场所举止礼貌，父母首先要做出表率。不能让孩子看到父母只顾自己聊天、大声喧哗，甚至醉醺醺的样子。

社会上充斥着容易令人上瘾的不良嗜好，例如吸烟、赌博等。成为父母以后，这些习惯一定要戒掉，喝酒也希望尽量控制。我想没有孩子会乐意看到父母沉迷赌博。吸烟和酗酒的人，也会被孩子嫌弃，更不要说为此挥霍钱财、弄垮身体，最后甚至可能拆散家庭。

如果不想孩子沉溺于赌博、喝酒、吸烟的话，首先父母应该做出榜样。

"欺凌"也是这样发生的。父母一边告诉孩子"不可以欺负别人"，自己却说一套做一套，那么孩子就会认为欺负人是对的。只要成人社会中还存在欺凌现象，那么在孩子的世界中，欺凌也不会消失。

最近，不只是日常生活中小规模的欺凌，网络上的憎恨言论也正成为一大问题。由于孩子行事还没有分寸，作为他们身边的大人，父母的行动会给孩子带来很大的影响。

不想孩子做的事，父母也绝对不能做。请铭记在心，在育儿过程中，要成为孩子的模范。

儿子说

在我家，经常会用到"理所当然"这个词。不能在公共场所喧哗是理所当然的，端到自己面前的食物全部吃完也是理所当然的……而且大部分情况下，这种"理所当然"不分大人还是小孩，而是作为一个人应该考虑到的"理所当然"的事。

先不说榜样的好坏，如果大人不能遵守这些"理所当然"的事情，就是伪善——这一点小孩子也非常明白。当然，世上不是所有事情都是非黑即白的。但是，关于社会、家庭的规则、道德标准，如果没有父母做出表率，就无法在孩子心中确立起来。

理所当然的事，理所当然要做。虽然实行起来非常难，但我想也是多亏了我父母，这样的想法从我小时候起自然就懂了。

19

不要只是大人之间谈话

大人だけで会話してはいけない

"我们大人在说话，你们小孩那边玩去。"

这是一群妈妈聚会时经常会说的话。大人们在聊天，孩子们在其他地方玩玩具、游戏——这样的场景十分常见。但是，这实际上是非常可惜的事情。

孩子从大人的谈话中可以学到很多。社会的问题、大人的烦恼、学校的话题、家人之间的问题如何解决等等，对孩子来说，所有都是了解社会的课程。

大人说话的技巧、幽默感、良好的仪态、优雅的举止、举手投足等等，孩子们会有样学样，通过模仿大人的行为，自然地掌握TPO的要诀。

当然，没有必要每次都让孩子旁听。但我还是反对总是把小孩和大人分开，大人只管自己一起聊天的做法。

也有的父母觉得："但是，大人说的话，孩子听不懂吧？"不，没有这回事。

只是说，想要孩子能跟上大人的谈话，需要一点训练。

例如，在妈妈和朋友聊天时，有时可以尝试问问孩子："○○，你觉得呢？"养成把话题抛给孩子的习惯以后，孩子就会竖起耳朵，注意听大人间的谈话。

孩子如果认识到自己不是置身事外，而是可以提意见的话，就会努力去理解大人的谈话内容，认真倾听，渐渐就容易说出自己的意见了。

孩子的意见出乎意料地有趣，偶尔还会蹦出一些连大人都感到吃惊的新鲜想法。孩子通过参与到谈话中来，不仅能培养他们倾听的能力，还能提高对于他人说话的"理解力"。

由于不能听漏，也锻炼了"集中力"；由于必须说出自己的意见，有助养成思考的习惯，而为了简短有力地把意见发表出来，从中还训练了"总结的能力"。

这么好的学习机会，不好好利用真是说不过去。让孩子加入到大人的谈话中，孩子自然不会再胆怯，能沉着地倾听别人说话，得到丰富的知识和话题。这样一来，就会变得善于人际交往，在学校和日常生活中，成为一个不怕生、愿意积极交流的人。

另外，我建议偶尔也可以让孩子听听大人的问题。

这样做，孩子会觉得"爸爸妈妈都好辛苦，但是他们都在努力呀"，慢慢明白在社会上生存是怎么一回事。

　　不要把孩子过度当成一个小朋友，而是看做一个独立的人，让他们参与到大人的谈话中来吧。这也是加速孩子成长的一条捷径。

儿子说

每年有一两次，我们一家人都会回母亲的娘家香港探亲。和亲戚们一行十几人去吃中国菜，那时候在饭店里一定是这样一幅场景：两张餐桌，大的给大人用，小的给小孩用。

我们三兄弟其实都打心底里讨厌那张给孩子用的桌子。我们在自己家里，每天晚上都会围坐在餐桌前，和大人平等地聊天，说说新闻、电影和政治的话题，为什么在香港却要被当成小孩？（当然，这也有这的乐趣，和表兄弟们玩得很欢乐……）

为了和大人平等地对话，必须要有自己的主见，并且将意见以自己的语言解释清楚。而且，也有必要事先知道有关这些意见的其他信息。像这样每天做好积累，确实培养了我在学校、社会、工作上的能力。我还认为，这也和一个人的自信有着直接关联。

20

不要对孩子动粗

暴力で躾をしてはいけない

抚养孩子的一大前提——绝不能对孩子使用暴力。其中包括身体上的暴力、精神暴力，还有语言暴力。暴力只会激起更多暴力，产生一系列不好的连锁反应。

如果对孩子动粗，结果就相当于在教孩子"处于强势的人对没有能力反抗的人，是可以施以暴力的"。

用拳头来教训孩子，绝不是有效的方法。

从心理学上来讲，这样的做法等同于在教什么是"惩罚"、什么是"奖励"。这是一种以"力量"为主导的方法，只有在"我比你强"、"我可以给你你想要的东西"的情况下通用。这种左手是糖，右手是鞭子的方法，平时很多人都会使用，但实际上，这是"驾驭他人的最低级的手段"。

因为这是只有在自己比对方强时才能用的一时之策。如果哪天你不再强大了，对方也就不会再听从于你。对那些"你打我我也不痛"、"我才不想要什么奖励"的对手，这个方法完全没有用。

而且，对方是否真正接受你的教训，还是无可奈何，只是装作服从的样子，根本没办法确定。这是历史上暴君们最常使用的手段，而历史往往证明，他们最后的结局都很悲惨。

也许有的父母会说："就算你这么说，我们也是接受父母的体罚一路长大的。我家的孩子，不打是不会长记性的。""因为一定要教懂孩子，如果做了坏事，就会受到惩罚。"但这真的大错特错。

教导孩子的时候，最关键的，是"传递给对方什么样的讯息"。一定要把事情说清楚，让他们知道过失在哪里，只用暴力的话，会令孩子们收到错误的讯息。

打孩子的时候，孩子为了逃避被打的痛苦，会立马说："对不起！""再也不这样了！""原谅我吧！"道歉讨饶，父母消气了，以为问题就这样解决了。

可是，也许孩子并没有彻底理解，到底自己犯了什么错。他们只是因为不想被打才道歉，还是真的有反省呢？谁也不清楚。许多孩子只是单纯认为"爸爸妈妈生气的话，我就会被打"。因为孩子没能好好理解自己犯了什么错，以后还会重复犯相同的错误。

接下去父母又会生气，暴力程度也越发升级，"跟你说几次了，怎么就是不听话呢？"孩子不知道什么时候会被打，总是处于惊恐不安之中。父母对于这些"说几遍都不听的孩子"越来越不满，孩子则是害怕得畏畏缩缩。这样一来，亲子之间产生不信任感，令沟通的桥梁崩塌，亲子关系恶化。

而且，孩子总有一天会长大，比父母更有力气。当父母的暴力不再构成威胁时，孩子就会觉得没有必要再听父母的话了。

其中有的孩子会因为一直以来接受体罚产生的逆反情绪，开始反抗父母。等到他们有了孩子，不仅也会对自己的孩子施以暴力，甚至会成为喜欢用武力解决问题的人。

另外，也不能有语言上的暴力。

比如，有的父母会骂孩子："你这笨蛋！"我觉得这当然不是真心话，不会有父母真的认为自己孩子是笨蛋的。说出这句话，只是觉得孩子的某个行为"太傻"。

如果是这样，可以和孩子说："你刚才做的事很傻哦，一点不像是你会做的。你再好好想想看吧。"这样我觉得孩子应该会虚心接受的。

除此以外，还有父母会对孩子发怒道："你想想是多亏了谁，你才有饭吃的？"这样会伤到孩子的自尊心。养育孩子是父母的义务，绝不能对孩子说这种话。原本对父母心怀感谢的孩子，要是听到这种话，也会转而对父母反感吧。

父母们应说出自己的真心话："因为有你，爸爸妈妈才那么努力哦。想努力给你提供舒适自在的生活，想要让你接受好的教育。所以，我们一起努力哦。"这样说，我觉得孩子才会理解父母的良苦用心。

只要开心见诚和孩子对话，说清楚什么是对的，什么是错的，无论孩子有多小，也会明白父母的心意。

心灵一旦受过伤，是很难再重新修复的。一旦对父母的爱产生怀疑，孩子就会陷入不安，变得自暴自弃。

"爱的鞭策"对孩子来说是非常难以理解，而且蛮不讲理的。无论发生什么，绝对不可以诉诸暴力。

儿子说

我小的时候，最厉害的"惩罚"就是长时间的"协商"。所谓的长时间，一两小时只是开个头，我记得大概最长有谈过八小时左右。和所谓的说教不同，母亲对我并不是单方面的训话，而是母子之间展开了各种双向的讨论，例如"为什么说谎"等问题。

虽然不是什么身体或精神上的暴力，但从孩子的角度来看，这种"协商"也有它的可怕之处。长时间闷在家里和大人说话很辛苦，但最痛苦的，是要对自己做错的事情巨细无遗地自我分析。

可是，现在想想，母亲那么忙，依然愿意花上八小时和孩子说话。和简单直接的教训不一样，这种需要耐心的交流，确实对我是有效的。

21

不要把工作摆在第一位

仕事を最優先にしてはいけない

有了孩子之后，就不要再把工作摆在第一位。既然身上寄托着小生命，被赋予了养育的责任，那就一定要有这样的觉悟。

　　当然，如果不工作，就无法养活孩子和家人，所以工作还是很重要的。但是最重要的，仍然是孩子的生命。所以说，成为父母之后，必须抱着"以孩子为最优先"的心态。

　　工作与家庭的平衡，对于双双工作的父母来说，是一个大课题。一边要兼顾工作，一边要把孩子带好，在两者之间找到一个平衡点并不容易。

　　我建议各位父母转换成"以孩子优先"的思路，让自己的脑海中第一个想到的就是孩子。这想法会令父母的每一天更有秩序，人生更有意义。

　　其实育儿要做的，是非常琐碎的一系列行动。

　　孩子还是婴儿时，要喂奶、换尿布、打预防针、接送上托儿所……进了幼儿园，要准备便当、换衣服、学习、幼儿园活动等等，日程日渐复杂，二十四小时也不够用。孩子上小学后，学校的学习和活动增多，还要上课外活动、和朋友交往，每天要做的事情多到数不清。

像我这样有几个孩子的家庭更是辛苦。光是安排每个孩子每天的行程，就一个头两个大。也许有人会因此陷入不安，能继续兼顾工作和家庭吗？

没问题！一定可以做到的。

首先要确定优先级，因为当家长要做的事情非常多，如能决定好哪样重要、哪样次要，时间安排就会容易很多。我摆在第一位的，是孩子的健康、饮食，以及和他们一起快乐度过的时间。其他像收拾家里、洗衣服、购物等，就稍微偷工减料一下，做到最基本的程度就行。

首要任务是保证孩子的健康——吃得好、睡得好，能度过愉快的时光。为了增加做饭和与孩子相处的时间，其他家务和加班工作，我都是哄孩子睡着后才开始做的。

由于每天工作都很忙，在孩子还需要喂母乳的时期，我取得了公司方面的理解，把孩子一起带到工作现场。孩子稍微大一点之后，每天我都想尽可能和他们一起吃晚饭，因此一概拒绝需要加班到很晚的工作，也极力避开出差留宿在外地的任务。当然，工作减少了，收入也会下降。但当孩子尚小的时候，这是没办法的事情。

为了不让别人觉得我"自恃是母亲而怠慢工作"，所以接受下来的工作，我都会尽力而为，争取最佳的成果。幸好我获得了周围人的支持，几乎没有减少工作量，也能同时兼顾好育儿和工作，真的非常感恩。

当然，每个家庭中的优先级也不会都一样。但是，有了孩子以后，请父母们不要忘了"以孩子为最优先"。

如果怀孕了，建议夫妇间好好商量，制订计划。如何安排工作？从什么时候把孩子送去托儿所？是否要找保姆？有没有可以拜托照顾的亲戚？什么时候复职？经济上没问题吗？像这样多准备一些不同的计划，之后无论发生什么，都可以控制在预想范围内。

相反，无计划的育儿是非常危险的。夫妻应深切感受养育新生命的喜悦和责任，然后认真商量。只要二人携手努力，无论发生什么事都能解决。

孩子还年幼时，希望尽量避免公司的酒会、加班、出差等，把这部分时间留着和孩子们相处。孩子的成长是不等人的。要是错过了孩子每天都不一样的成长瞬间，那才是一生后悔的事。第一次笑，第一次翻身，第一次走路，第一次说话……身为父母，谁都想亲眼见证孩子成长的点点滴滴。

工作不喜欢可以换，但是孩子是换不了的；工作做不好也许会被解雇，但是父母的角色是一生不变的。

为孩子和父母人生铺路的，是我们自己。请大家创造出一幅美好的人生图景，成为幸福的双职父母，培养出幸福的孩子吧。

儿子说

在我家，基本上很少一家人不在一起吃晚饭的。除非母亲在电视台录像到很晚、在录音棚闭关、或是去外地开演唱会以外，一般我们都会一起吃饭。父母就算是非常忙的时期，也会利用工作休息的间歇，为了和我们吃饭而特意回到家里。有时候是我们三兄弟到他们工作的地方，在那附近找地方吃饭。

不把工作摆在第一位，意思并不是指"工作不重要，家人最优先"。而是说，有失平衡的生活，对大人也好，小孩也好，在精神上、经济上都会产生压力。在我家，每天的晚饭是家人们生活节奏的中心。

我想，母亲也是因为我们家人能一起围坐在餐桌上吃饭，才能够自然把握好家庭和工作的平衡吧。

家

Family

能够安心生活，有一个随时都能回去的家，对人来说，也许就是最大的幸福。

家不单单是一幢房子，而是由住在其中的人互相关怀的暖意组成的。一个幸福的家庭，家人们虽居住在一起，但每一个人都拥有自己的自由和空间。大家相亲相爱，但绝不会被束缚。

对孩子来说，父母的怀抱就是心灵的家，父母的信念就是最后的归宿。

22

不要预先对家务进行分工

家事の役割分担を固定してはいけない

听说不少家庭，家人会一起决定家务如何分担。但是在我家，没有清楚的分工。

我对儿子们说："做家务是所有人的责任，每个人都要尽力而为，这是理所当然的。所以你们手上空着时，什么都要帮忙哦。如果有别人主动做了家务，那就是帮了自己，是幸运的事情，一定要感恩呀。"这就是我家的想法。

我觉得，如果给孩子们分配好任务，比如"你负责取报纸"、"你负责倒垃圾"、"你负责浇花"，孩子一旦做完了自己应该做的事，就会认为自己的任务完成了。而事实上，衣服还没洗，碗也没刷……即便如此，孩子觉得自己的活已经干完，便若无其事地开始玩了。

在我家，家务是所有成员的共同责任。如果有没做完的，大家一起完成。比如一边聊天一边做菜，布置餐桌；用完餐后，大家一起收拾，洗刷餐具。叠齐洗好的衣服，出门买东西，大扫除，都是一起做的。大家能一起做的话，每个人的负担就变小了。

有时候，爸爸会说："一会儿再收拾吧，吃完饭我们先休息一下。"然后大家聚坐在沙发上聊天。不久，小儿子会说："哥哥明天要考试，今天我来收拾吧。"然后自己主动帮忙。

偶尔我因为工作晚了，急急忙忙回到家，本想着得赶紧做饭，但一打开家门就闻到一股饭菜香。爸爸和孩子们齐声告诉我："饭已经做好了哟。"每当这时，我的感激之情溢于言表。

先回到家的人先做家务，然后其他人一起表示感谢——这就是我家的方式。

如果是分工制，有可能会出现抱怨，比如说："这不是你应该做的事情吗？为什么一定要我做？"

不分配任务，才能让孩子懂得"什么都要主动去干"的重要性。要让他们明白，不是因为被分到自己要干什么才去做，而是为了减轻别人的负担、使别人开心而做。抱有这种精神的人，在学校里或在职场上，都会受人欢迎。

大儿子上小学的时候，会主动帮校工阿姨打扫校园，那位阿姨对我很是感谢。但对大儿子来说，那只不过是回家之前花一点点时间就能做的事，很自然就上去帮忙了。

二儿子也是如此。大学时代和朋友一起住宿舍期间，他常会主动给大家做饭，在朋友圈里非常有人气。

我认为，这都是我们家不做家务分配的功劳。

有一回，我飞去美国看望孩子们。我们四个人在路上走的时候，突然三个儿子朝同一个方向飞奔过去。原来是不知从哪儿飞出一块滑板，眼看就要撞上一个小朋友了。

大儿子挡住滑板，二儿子抱起小孩子，小儿子保护周围的行人。三个人一瞬间的迅速行动，着实令我吃了一惊。得到滑板主人和那个小孩子父母的感谢，也让我感到非常骄傲。

任何事情都自己负责，任何事自己都主动去做。这种精神，也许正是由于我家不分工做家务才学到的。

儿子说

关于不要分配家务这一点，我觉得是很有现实意义的建议，长期来看也有好处。家庭内的分工，特别是男女做不同的家务，是社会上性别歧视的根源。所谓男人应做的、女人应做的家务，这样的习惯会渗透到工作上、公共场合中，导致社会出现歧视。

我对于家务的想法，其实受父亲影响挺大的。因为从做饭、打扫到洗衣服，父亲从没有犹豫过，每天都会主动去做。从小看着父亲这样的身影，反而令我对一般家庭中男女有别的固定观念感到奇怪。在美国也是这样，男性做家务是理所当然的。

帮忙做家务，是不分男女、体恤另一半的表现。现在夫妻都要工作的家庭越来越多，做家务的时间急剧减少。所以我认为，家人共同参与做家务，是非常现实的对策。

23

不要期望和孩子成为朋友关系

親子は友達関系になってはいけない

最近，越来越多的父母都希望与孩子成为朋友。他们认为，和孩子如同朋友般相处，像同辈般交流沟通，是亲子关系良好的证明。

"这样才能和孩子无话不谈。""对孩子来说，父母年轻会比较高兴。""我一直注意打扮，让自己看上去和女儿形同姐妹。""儿子就像是我的男朋友。"很多父母抱着类似想法，享受着"朋友"一样的亲子关系。

然而，在孩子眼中，这可能是一种不幸。

每个孩子都有"拥有父母"的权利。当然有些孩子，因为某些原因父母不在身边，甚至父母已经去世。但是，若父母健在的话，就有义务实现孩子应有的权利。

联合国制定的《儿童权利公约》中明确写着，孩子理应有四大权利："生存权"、"成长权"、"被保护权"、"参加权"。而最能确保这些权利的人，就是父母。

朋友关系和亲子关系，责任的重大程度是不同的。父母要有觉悟，去承担作为父母的责任。为了让孩子安心成长，父母也要把这份觉悟明白地表现给孩子看。

"就算赌上性命，我都会保护你。""爸爸妈妈会一路照顾你长大的。""有什么事都可以和我说哦！一定有解决办法的。无论发生什么，我都会全力帮你。""可以依赖爸爸妈妈哦！绝对不要独自烦恼。"

孩子如果拥有最在乎自己的"父母"，就能安心成长。朋友是不能提供这种安心感的。因此，亲子之间不要变成朋友关系。

对于孩子来说，父母是身边最亲近的大人，也是模仿的对象。"我很尊敬父母。""我崇拜爸爸妈妈。"能这样想的孩子是幸福的，他们拥有自信，不会迷失，能在与家人的互相依靠中成长。想要成为这样的父母，就必须端正态度，尽最大的努力，成为能让孩子尊敬、向往的大人。

亲子关系，并不像朋友关系那么轻松。如果父母和孩子变成朋友一般的关系，为了不被孩子讨厌，父母就说不出严厉的话了。在玩闹和游戏之中，也许还会渐渐失去作为父母的尊严。这时候，孩子会搞不清楚你们到底是父母还是朋友。

当身边的大人变成像自己一样"年幼"时，从某种意义上来说，孩子等于是失去了父母。这是一种不幸。

父母绝对不能逃避自己的责任。不可以剥夺孩子"拥有父母的权利"。

如果你发现自己和孩子的相处就像做朋友一样，请重新审视一下亲子关系吧。

儿子说

我上小学、中学的时候，身边有几个家庭，就是所谓朋友一般的亲子关系。可在我眼里，从没有羡慕过他们。

在我家，亲子间不像朋友一样，但我们并没有因此而相处得不好。父母和我们拥有共同的兴趣，例如钓鱼、做菜、看电影等等，生活得很快乐。只不过，父母始终是父母，孩子总归是孩子，我们没有越过这条界线。

想交朋友，和同年代的人随时都可以。但是，家人之间以亲子关系为基础的一体感，是在家庭以外无法经历的。拥有从心底里可以信任的父母，对我来说是一种巨大的安心感。

24

不要过度依赖孩子

子供に依存してはいけない

成为父母，就像身上多了个新头衔。有时候神经紧绷，想努力为孩子尽到做父母应尽的责任，这样的积极心理我也十分理解。但是，不要将自己的存在价值，全都托付在育儿成果上。

越是热心的父母，越容易依赖孩子。这样的父母把自己和孩子绑在一起，认为孩子的失败就是自己的失败，孩子成功，也就意味着自己成功。结果，孩子取得好成绩，进入好学校，似乎已成为他们的生存意义。

但是，孩子是孩子，父母是父母，双方是独立的存在，有不一样的人生。如果父母过分依赖孩子，就会支配孩子的人生。

一旦父母过度挂心，孩子就会感受到巨大的压力，觉得一定要为了父母而做好，这无疑会给他们幼小的心灵造成巨大负担，甚至会压抑、勉强自己：

"失败是不可原谅的！因为爸爸妈妈会伤心。我不可以丢他们的脸。"

比如说，妈妈以前的梦想是成为芭蕾舞者，有了孩子，便让孩子跳芭蕾。爸爸以前想当棒球选手，于是让孩子去打棒球。经常能听到这样的事。

如果孩子和父母志趣相同，那当然是美事一桩。可不是所有孩子都能满足父母期望的。如果一开始就把选择空间收窄，对孩子来说只是一场悲剧。

对孩子在学校里的成绩、运动比赛上的胜负，父母总是一惊一乍的话，对孩子来说并不是健全的环境。

如果父母执拗于考试分数，孩子就会误会："如果我考不出高分，就不是好孩子。""爸爸妈妈会因为我的成绩好坏，一会儿喜欢我，一会儿又讨厌我。"而事实却是，考试取得好成绩，与上课内容理解了多少是两回事。即使平时一直认真学习，考试时也可能会偶尔失手。

如果父母执着于运动比赛的胜败，孩子输了比赛时就会感到不安。其实一场比赛的胜负，由于双方实力的问题，输赢都是有可能的。

无论父母提出多高的要求，孩子能做到的总是有限的。因此，孩子努力过仍无法做到的事，父母不可以过于期待、强迫孩子。

我觉得自己从没有给过孩子压力，但是我的儿子们似乎一直默默承受着。

"身为妈妈的小孩，以前我们的压力可不小啊。"他们曾经这样和我坦白过。因为我是知名人士，孩子们好像一直感到超乎想象的压力。"绝对不能做不好的事，为了妈妈，我们也拼命努力学习了呢。"三个人笑着异口同声地说道，而我从没有想过自己会成为孩子们压力的来源。

我向他们道歉："对不起，妈妈都没注意到有给你们带来压力。"他们对我说："不是啦。这压力也有正面的意义，成了让我们想做到最好的原动力。"

总的来说，压力在我家并没有造成什么不好的影响。但是，如果走错一步，也许就会影响孩子的未来了。

随着孩子长大成人，他们自然而然会离开父母身边。但是，如果父母过度热衷于养育孩子，依赖孩子，反而是父母这边难以放手。

育儿最大的课题，就是"放手"。早早地察觉"放手"的最佳时机，把孩子送到社会中去，是父母的责任。

不同孩子，"放手"的时机不一样。有的是上高中或者上大学的时候，而有的是开始工作或结婚的时候。但不管怎样，孩子早晚都会离开父母，自立门户。让孩子顺利地自立，是育儿的目标。

"我希望你永远待在爸爸妈妈身边。"这样的愿望，绝不是父母应有的心，而是一种剥夺孩子自由的行为，纯粹是父母的任性。

离开孩子，确实是很难的。但是，在这一刻来临之前，给予孩子足够自立的能力，然后到了那一刻，微笑着送他们出门，这才是父母可以给孩子的最好的礼物。

不要对孩子过于期待，更加不要成为依赖孩子的父母，因为孩子有他们的人生。

儿子说

有这样一句话："爱孩子，就放手让他出去闯吧。"家人之间的爱和依赖的区别，就在于此。重视一个人，必然也要尊重对方的独立性。无论孩子是否会冒风险、是否会失败，就算和父母的希望背道而驰，都是人生旅途的一部分。

在孩子看来，父母担心自己确实很感激。但如果这份担心妨碍了自己决定的前路，反而会变成一种麻烦。父母不管有多担心，都放手让孩子前行——这种多少有点矛盾的爱，对孩子来说才是最高兴的。

现在我们最小的弟弟正在亚马逊的热带雨林里独自旅行，我们做哥哥的也担心着他。

但是，他做了我们谁都没尝试过的冒险，所以家里所有人都在心里支持着他。

食
Food

育儿的一个重要支撑——食育。

把身体养好或把它弄坏，全看自己。想要保护身心健康，饮食最为关键。让孩子和家人一起开心地吃饭，要教他们吃对身心有益的食物，尽量不要吃有害食品。教会孩子关于饮食的知识，就是给了孩子一生的宝物。围坐在餐桌前，一家团圆，这是孩子心灵的维他命、幸福的源泉。

25

不要让孩子一个人吃饭

子供にひとりでご飯を食べさせてはいけない

请尽量别让孩子一个人吃饭。

家里的餐桌，是一家团圆的地方，不光只是为了填饱肚子而已。和家人一边吃饭一边交流各种话题，敞开心扉，是一段幸福的时光。餐桌上，也是能让孩子实际感受到"我并不孤独"的地方。来自家人的爱，除满足了肚子，同时也把心里装得满满的。因此，家人一起吃饭是很重要的事情。

和孩子一起吃饭，父母就能清楚了解孩子当天的状态。

身体不适的时候，吃饭的样子也不一样。"怎么啦？最喜欢的炸鸡块也不吃了？""嗯，我肚子有点不舒服……"这样就可以趁情况还未恶化，赶紧做好处理。

孩子在烦恼的时候，看脸色就能察觉到。"今天话好少啊，发生什么事了？""朋友对我说了很过分的话……"像这样，孩子情绪上有什么问题，也能迅速开导他们。

所以，为了守护孩子的身心健康，一起吃饭不失为一种非常有效的方法。

和孩子一起吃饭的时间，也是进行"食育"的好时机。

"红萝卜对眼睛好哦。""多吃不同种类的食物，强化内脏的功能吧。"父母可以把有关食材和吃法的知识，在用餐时教给孩子。

我从母亲那里学到的药膳料理，一路实践至今。通过摄取适合自己体质的食材，人可以保持健康。原本性"热"的体质，就要吃令身体冷却的食物；性寒的人则吃令身体温热的食物；容易干燥的人，多吃滋润身体的食物等等。

这种中国式的健康饮食法，我从儿子们很小的时候就传递给他们了。例如食物的成分、效果、身体的运行机制等等，一边吃饭一边告诉他们。"你，就是你吃下去的东西所组成的。"母亲告诉我的这句话，我也传授给了自己的儿子。

和家人一起吃饭的孩子，从小就能掌握与人沟通的能力，自然能学到如何照顾别人的情绪，为他人着想。

大家吃一样的饭，也可以提高信任关系、伙伴意识，掌握社会规范和礼仪。

比如哥哥会这么想："因为是大家一起吃的菜，虽然我很爱吃，但不应该独占，就吃少一点吧。"或者主动谦让："这个菜只剩一个了，还是留给弟弟吃吧……"弟弟得到哥哥给的最后一个炸虾时，会表达感谢："我可以吃吗？太感谢了！"

围坐于餐桌，听听大人之间的谈话，看看大家的举止动作，寻找自己的位置。通过这个过程，孩子可以在群体中逐步确立自己的定位。所以吃饭的时候，记得先把电视机关掉，然后尽可能进行各种有意思的对话吧。

家人一起准备饭菜，一起享用美食，一起欢笑，一起玩耍，吃完饭也一起收拾……学习与人交往，没有比这更好的机会了吧。

我为了不让儿子们独自一人吃饭，付出了许多努力。一大早起床做好早饭，大家一起吃；晚上也是尽早把工作做完，回家做晚饭一起吃。

我实在没时间的话，丈夫会先回家和孩子们吃。如果夫妻两人都没办法早回家，就拜托婆婆，或者公司同事帮忙。总之，为了不让孩子一个人吃饭，我们下了非常多的功夫。

　　为了使家人之间的关系更加紧密，也为了孩子的成长，请务必避免让孩子一个人吃饭。

食物在任何国家，都是"关怀"的证明，就好像人类的遗传基因中，本来就有对餐桌的情怀一样。在家庭以外，还有学校伙食、公司食堂、下班后喝上一杯……果然，"吃"这一行为，连接着人与人的心。

如果大家都分开吃饭，不仅会失去人与人交流的机会，我甚至觉得会令人的"关怀"之心变得麻木。和别人一起吃饭还有一个好处。自从我开始为其他人做菜，才发现"一个人吃"和"与重要的人一起吃"的饭菜，质量完全不同。

我们家一向非常重视吃饭这件事，围坐在餐桌前学到的东西不计其数。那份心境，现在已经在我身上牢牢地生了根。

26

不要对孩子挑食过分紧张

食べ物の好き嫌いをうるさく言い過ぎてはいけない

我家三个儿子都不挑食，这是因为从他们小时候起，我就一直注意给他们吃各种食物。

　　而事实上，我和我丈夫倒是会挑食。我吃不了葱和洋葱类，生的东西和纳豆也不爱吃；我丈夫则是所有乳制品都不喜欢。所以我们希望"把孩子们养得什么都能吃"，在照顾儿子们的日常饮食中，努力让他们吃各种各样的食物。告诉他们只要是食物，都是美味的。

　　什么好吃，什么不好吃，孩子从小就会记住。为此，我从辅食到孩子断乳后吃的食物，都十分注意。甜的、咸的、辣的、苦的、酸的，都给他们稍微尝一点点，并且尽可能使用多种食材制作料理。

　　等孩子稍稍长大一些，我就在吃饭的时候，用简单易懂的方式，解释食材的名称、功用、营养等。

　　对于孩子不爱吃的食材，有种方法是把它们切得细碎，不让孩子看出来是什么，再给他们吃。但是，这样做并不能使孩子喜欢上原本讨厌的食物。

　　我的朋友当中，有人不爱吃青椒。她对我说："我小时候，妈妈为了让我吃青椒，会把青椒切得很碎很小，混在炒饭里。但是我长大以后，依然不爱吃青椒。"

既然是这样，倒不如直截了当地给孩子解释更好："这是青椒。可能有点苦，有点菜腥味，但应该能吃吧？它对身体很有益哦。怎么样？挺好吃的吧？"

孩子如果一开始就知道"味觉有五个种类"、"每种食材都有不同的营养"、"不同食物口感也不相同"这些知识的话，接触新的食物时就不会抵触了。即便如此，有些孩子还是会觉得"不爱吃的就是吃不了"。

有的家长就陷入了这样的烦恼："尝试了许多办法，孩子依旧不肯吃。"还有的父母说："不知不觉就对孩子唠叨，反而令他们更讨厌吃了。"我觉得，没有必要对孩子挑食过于啰嗦。

父母希望孩子不挑食，是出于"想要孩子多吃有营养的东西，保持身体健康"。但是，世上一定还有其他含相同营养的食物。比如"讨厌红萝卜"的孩子，与其强迫他吃，倒不如让他吃一些营养成分等同于红萝卜的食物，这样就行了。

"南瓜可以吃吗？""纤维较多的番薯可以吗？"

像这样给孩子推荐替代的食物，再好好解释其中的营养给他们听吧。总之，不是硬给孩子吃他们不爱吃的食物，而是让他们吃拥有同样营养成分的东西。

如果孩子讨厌绿叶类的蔬菜，就换成西兰花、芦笋；如果不喜欢青椒，就给他吃青瓜或茄子……转换成这样的思路，一定能找到替代品。

为了让孩子摄取这些食物，告诉他们其中的道理也十分重要。可以的话，不是肤浅地转述知识，而是好好查阅资料，教给他们确切的内容。请父母们好好学习饮食的重要性，然后给孩子们解释，直到他们理解为止。

在中国，有"五色五味"的说法。在日本，则是建议每天吃"三十种以上的食材"。想要强健身体，获得每天的能量来源，饮食是育儿中非常重要的一个支柱，对稳定情绪、睡眠都能带来积极影响。

我一直坚持和儿子们聊关于食物的话题。可能正因为如此，他们三个人都非常喜欢做菜，也喜欢吃，如今有时更会为我做些花心思的料理。

大儿子就像大厨一样，说："我来做熏鸭哦。""甜点是柠檬派和自制冰淇淋。"二儿子把他自己做的香蕉干送给我，说："妈妈，最近我做了水果干哦。这是香蕉片干，请你尝尝看。"三儿子在去年我生日那天，亲自烤了巧克力草莓蛋糕送我。他们做的菜真的非常好吃，令人有点嫉妒呢。

关于吃的知识，会成为孩子一生的宝藏。教会他们健康的饮食方法，等孩子成为大人独立之后，也很有帮助。

聪明地吃东西，可让自己变健康，因此在育儿过程中，"食育"是不可欠缺的。

我记得小时候，像肝、纳豆、苦瓜之类味道比较特别的食物摆上餐桌时，我父亲会说："这些东西是大人吃的哦。很美味吧？"然后津津有味地吃起来。现在想想，那也许是父亲的"表演"。采取激将法，为了让我们想"小孩子也能吃出味道啊！"然后赌气地去吃各种各样的食物。

事实上，多亏了父母这样做，我真的不挑食，长大以后也对这一点非常自豪。我记得以前回到中国外公外婆的故乡探亲的时候，饭桌上端来蛇、蚯蚓、蝎子，我们照样能吃。

话虽这么说，也不是只要不挑食就好。重要的是，对于没接触过的新事物，不要有多余的抵触感。通过挑战新事物，可能会遇到意料之外的收获。比如下酒小菜的话，我个人推荐素炸的蟋蟀哦！

27

不要给孩子喝太甜的饮料

子供に甘い飲み物を飲ませてはいけない

大家知道甜味的碳酸饮料中包含多少糖分吗？一瓶五百毫升的饮料就有四十至六十克糖分，相当于十至十六块方糖。

这些糖分一次进入体内，会令血糖值迅速升高，体内能量爆发式增长。喝完以后，短时间里感觉会特别好，特别兴奋。

但是，由于糖分很快就会被吸收，身体进一步想要更多的糖分，令人迫不及待想继续喝甜的饮料。如果无法得到满足，人的心情就会变差，情绪烦躁。这样一来，情绪一会儿高，一会儿低，处于极不稳定的状态中。如此反复，孩子就会无法自控，变成不擅于自制的孩子。

甜的碳酸饮料，偶尔喝喝没关系。但是如果每天都喝，胰岛素分泌变紊乱，会容易患上糖尿病。这无论对于精神还是肉体，都绝不是好事。

我朋友的孩子非常爱喝可乐，从小就喝很多。孩子妈妈为了哄孩子高兴，雪柜里常备着大量可乐。结果，这孩子变成了肥胖儿童，被医生提醒后，才终于停止喝可乐。

因为孩子对可乐已经成瘾，这下一停，吵闹得厉害，大人小孩都吃了不少苦。朋友一直很后悔："早知道这样，一开始不给他喝可乐就好了。"

但是，大街小巷充斥着各种甜饮料，周围又有许多人喝得津津有味，孩子看到了，难免也会想要喝。

那么怎样做才能让孩子养成不喝甜饮料的习惯呢？就是要教给他们知识，令他们真心接受不能多喝的原因。

儿子们两三岁还很小的时候，我就耐心地给他们解释碳酸饮料的危害，也从不给他们喝。我给他们推荐的都是健康的饮料。

"有冰牛奶哦。""口渴的话，喝水或者茶是最好的哟。""夏天还是喝大麦茶好呀。""运动完以后，喝离子水也不错的。"

但是，孩子们到底有没有打心底里认同，我还是稍有不安的。

直至有一天，公司同事替我到幼儿园接儿子回来，然后向我报告:"美龄,我本来想给孩子们买饮料喝的,结果他们对我说'我们喝茶就行了',都不要汽水或果汁哦,让我很吃惊!很健康呀!"

原来孩子们早就明白了。不是因为父母在旁边看着,就算父母不在身边,自己也能理解,不喝甜的东西。

到儿子们上了高中,在美国生活以后,也表示"不喝甜的碳酸饮料",证明小时候的习惯会一直持续下去。

只要大人认真解释,孩子一定会理解和认同。即使和其他孩子不一样,也能贯彻自己的信念。孩子们是否能坚守自我,受小时候的教育影响。为了孩子的身心健康考虑,请各位不要给他们喝甜的碳酸饮料。

儿子说

　　小时候不喝碳酸饮料，影响我长大之后，会有意识地注意吃进嘴里的东西。现在从便利店可以买到任何食物，关于如何保持健康的饮食生活，站在最前线的不是父母，而是孩子自己。

　　口渴的时候，比起汽水，确实是喝水或大麦茶比较润喉。从我懂事开始，父母就一直和我说，想要吃甜的东西的话，不要喝汽水，宁可吃冰淇淋都要来得有营养。意思当然不是让我光吃冰淇淋，但是，总是听到这些有点矛盾的、不禁令人思考的解释，慢慢地，我也开始觉得必须好好学习关于食物的知识了。

　　顺便一提，我长大以后做过调查，某迷你杯冰淇淋和某瓶装汽水的卡路里相差无几，但前者的蛋白质等营养价值却要远远高出许多。

危

Danger

利用互联网，孩子随时都能和父母顾及不暇的世界产生联系。

动动手指就可以拓展知识，这当然很棒。但事实却是，网上也有很多有害的信息和诱惑。

电子游戏、漫画，正在剥夺孩子成长时期的宝贵时间和"脑力"。等到孩子成为互联网的牺牲品，甚至沦为加害的一方，那就太迟了。

作为父母，不能落后于时代的进步，一定要升级对孩子的危机管理。

28

不要让孩子无限制地上网

インターネットを无条件に使わせてはいけない

随着互联网的普及，这个世界变得非常方便，生活环境发生了翻天覆地的变化。信息立马到手，学习机会也无限扩展。

这本身是非常好的。但是，孩子还无法清楚地分辨信息的可靠性，让他们在鱼龙混杂的互联网海洋中徜徉，是有危险的。

网络上诱惑很多，孩子经常成为诱惑的目标，很容易把持不住，变得想要金钱，想要买东西，或者匿名写些违心的坏话，沉迷游戏等等。在这样一个网络时代，育儿是非常困难的。

最近，就连小学低年级的孩子也开始有自己的手机了。

只要能上网，来自外部未经筛选的信息，就会涌入孩子的个人空间。我们住的房子有门，也能上锁。但是，能自由上网的孩子，却等同于处在没门没锁的空间里一样。换衣服、睡觉、聊天的时候，有人想要窥探就能办到。

而且，孩子的好奇心旺盛。在网上，会遇到好的信息，也有坏的信息。有的孩子会错信虚假信息，被洗脑或被欺骗……甚至和犯罪者见面，被利用之后，发生不可挽回的事件。

互联网上的个人信息收集，是一门大生意。我们每一个人都是消费社会的目标，孩子们也是一样。商人每分每秒都在探索孩子喜欢什么？制作什么游戏，他们才会花钱一直玩下去呢？为了这些目的，许多面向儿童的软件被开发出来。我朋友的孩子，用父母的银行卡在手机上玩网络游戏，花了几万元，令朋友吓了一大跳。

小学生的时尚杂志、小学生偶像、小学生模特……将孩子商品化的趋势也在网络上越发盛行。还在上小学的孩子，在父母不知道的地方浪费金钱，或者成了"商品"。

在交友网站上，邀约想要玩乐而急需钱的女孩子，让她们卖春。许多女孩子沉溺于那种黑暗的交易，从援交中无法自拔。而且，由于都是背着学校和父母进行的，周围人难以发现，大多数情况下也无法拯救她们。

更有甚者，把偷拍下来的视频放在网上或者进行售卖，造成对孩子的二次伤害。

为了避免让孩子遇到这样的坏事，作为父母，有必要认真地和孩子们说明网络的危险性，然后预先对孩子们的上网行为加以一定限制。

各大讨论区或"推特"等可以匿名发表的形式，给了人们不负责任地发言的机会。因此，这些平台上面，比起积极向上的意见，更多的是充满攻击性的、个人泄愤用的讯息。

有的孩子相信了这些虚假留言，开始传播假信息。这样也会对孩子们的性格产生影响，例如成为不负责任的留言者；或者被留言所影响，无法作出正确的判断；或者读了消极的留言后，人生观也变得愤世嫉俗……。

事实上，我就曾因为某次经历，切身体会到了这样的危险。

事情的契机，是我参加了联合国儿童基金会组织的反对儿童色情商品的活动。把孩子作为性欲的对象，这是绝对不可以的，更不用说制作成影像，绝不允许。

为此，我一直推进《儿童卖淫、色情商品禁止法案》的立法工作，结果在网上受到了儿童色情爱好者们的严厉非难、诽谤中伤。其中有一个轻信了这些信息的少年，在推特上发出了计划杀害我的预告："如果你不认同儿童色情的话，我就拿刀来捅你。"向我发出恐吓的少年，几天后被警察逮捕。

他的父母竟然不知道儿子成为了爱好儿童色情动画的人，更不知道他犯了恐吓罪，对他、对他的家人都是非常大的打击。

在这样一个深不见底的互联网世界里，父母必须保护好自己的孩子。因此，一定要和孩子好好解释网络的危险性，平时注意孩子的动向。

只要正确使用，互联网是非常好的工具。如何教导孩子正确使用网络的方法，是今后父母的一大课题。

儿子说

互联网是从九十年代中期开始普及的。当时小学高年级的我和比我小三岁的弟弟，还算是经历过互联网未出现的时代。但比我小十岁的弟弟，已经一点都不清楚没有互联网的时期是什么样子的了。

一九九〇年左右，母亲为了在家做博士课程的研究，接上了初代的互联网。那时，由于计算机的处理能力还非常低，母亲因为上课或工作离开家时，会嘱咐当时四、五岁的我说："记得按这个便条上的键，然后按回车哦。"这算是我第一次开始接触计算机。可能在那个年代，互联网的危险性还没有"浮出水面"，我感觉用电脑和上网非常自由。

互联网的危险性，在于把社会上的危险因素，通过架空的人与人之间的关系，轻易地带到家庭中去。就这一点来说，我家很早就开始讨论如何正面积极地使用网络，后来真的大有帮助。

29

不要让孩子沉迷漫画

子供を漫画中毒にさせてはいけない

最近，大家都说漫画和动画是一种代表日本的文化。纵览全世界，没有一个国家像日本这样倾力于漫画产业。

通过漫画向世界传递日本的传统和文化，这是很有意义的事。如果是好的漫画，当然会传播日本好的一面。但是，其中也有有害的漫画。

我读过世界各地很多种漫画。那些在激烈竞争中脱颖而出的漫画，水平非常高，从故事中教会人们勇气、友情、希望和梦想。这样的好作品非常多。

但另一方面，有一些暴力、色情的漫画，也有一定的人气。

在外国人眼里，日本的漫画中，也有一些不适合孩子看的。例如，绘画风格太强调女性或者小女孩胸部的漫画。这是一种被称为日本"萌文化"的绘画女性的手法。

在香港，这样的漫画通常会被视为有害图书，塑封起来，限制未成年人购买。现在的漫画市场鱼龙混杂，父母一定要指导孩子如何做出明智的选择。

漫画这种形式，由于是把图画和文字组合起来，对孩子来说通俗易懂，非常有吸引力。但事实上它也有弊端：由于它将作者的意图直接展现在眼前，令形象思维固定，难以发挥更多想象力。读者不需要运用想象力，信息也能轻易传播，这既是漫画的优点，同时也是它的缺点。

以前的图书都是以文字来讲故事，需要孩子发挥想象力，创造属于自己的世界。

想象力是在头脑中形成的，描绘于现实中不存在的事物的能力，对孩子的成长非常重要。产生新思维的能力、理解他人的心情和痛苦的能力、实现梦想的能力等等，全都是想象力的产物。想要培养孩子的想象力，读书比漫画更有效。因此请从培养孩子的读书习惯开始吧。

在我家，孩子初中毕业以前，我基本上禁止他们看漫画，只会拣选一些好作品给他们看，例如《面包超人》、《海螺小姐》、《哆啦A梦》、《赤脚阿元》等。

而且，为了不让孩子讨厌读书，我还下了各种功夫。正如前面我提到过的，和孩子一起去图书馆、逛书店，互相推荐各自喜欢的书，家人之间交流读后感……结果，三个儿子都变成了非常喜欢读书的孩子。

也许大家没必要像我家那么严格，但不管怎么说，不要让大脑仍处于发育阶段的孩子沉迷漫画，这是铁一般的事实。

更重要的，是鼓励孩子阅读以文字为主的书，用想象力扩展自己的世界。

儿子说

漫画是一种新的表达手法，虽然最近在全世界流行开来，但基本上仍是以日本为中心的媒介。如果沉迷于漫画这一种形式，那么从时间和空间两方面来说，确实就不会有闲情逸致去看更多其他的文学作品了。

小时候因为没有读过流行的少年漫画，有时在学校真的会跟不上朋友的话题。不过，没有看漫画而空出来的时间，我都用在看书、看电影、听音乐等其他娱乐活动上。

幸亏我从小就接触了各种不同种类的媒介，令我了解到世上丰富的内容表达形式，多多少少得以博闻增识，成长为富有幽默感的大人。

Heart

要一直保持纯粹的心灵是很难的。但拥有一颗良心，对人来说非常重要。

教给孩子正确的价值观，孩子的心灵就会变坚强。在这样一个普遍认为"金钱就是万能的"的社会，请教导孩子，幸福和满足都是用钱买不到的，千万不要沉溺于金钱中。随心而活的自由和幸福，是父母能够给予孩子最宝贵的财产。

30

不要用物质作为奖励

ご褒美を"物"にしてはいけない

"下次考试考得好的话，我给你买玩具哦。""你要是努力了，我就给你零用钱。"想要孩子好好学习的时候，是不是会拿"物质"作为奖励呢？

我觉得不应该拿物质来奖励孩子，因为这会令孩子认为"因为会得到奖励，所以我要好好学习"。最重要的不是学习好就有奖励，而是教会孩子"学习好有意思！获得知识令我快乐！"让他们理解学习本身就是奖励。

父母也需要告诉孩子世界其他地方的严酷境况。"世界上还有许多小朋友上不了学哟。能去学校上学，真的很幸运呀！可以上学就是奖励呢！"

如果以得到奖励为目的而学习，孩子就会认为"没有奖励就可以不学"。要是习惯了得到奖励，他们以后便不会再自主学习。父母看着的时候才学，为了得到爸爸妈妈的认可才学，这和学习真正的目标是背道而驰的。

学习，是为了获得知识、提高自己。即使没有任何人看到，没有任何人为自己感到高兴，也应该为了自己而学。

为了让孩子养成自主学习的习惯，请大家一定要避免物质奖励的方式。

有人会说了："即便如此，孩子努力了，偶尔还是想给他些奖励啊！"这样的心情我也能理解。与其给"东西"或者"钱"，不如家人一起做些有趣、开心的事情，创造一些快乐的回忆给孩子吧。

"好棒呀！下次我们一起去钓鱼吧！""你努力了呢。今晚我们去看星星吧！""这么快就做好作业啦，那么我们去公园踢足球吧！"一起做些与平时不一样的，小小的冒险或是能留下回忆的事情。

"到了暑假，一起去野营怎么样？""去海边吧！"多制造一些乐趣给孩子，孩子就会有目标，每天能为此努力。

我在一次分享会上说起这个话题的时候，一位年轻妈妈提出了问题："以前我为了让女儿学习，都是给她玩具和钱作为奖励。现在的话，还能改变这习惯吗？"

我给出了一个建议："下次你可以试着对她说，如果快点完成学习，就可以给妈妈化妆哦。"这位母亲笑着回答："这个点子不错！孩子一定会很高兴！"

请抱着幽默感，自由发挥想象力吧。父母陪孩子一起做他们喜欢做的、他们会感到高兴的事，那就是最好的奖赏。

孩子喜欢画画，可以带他一起去公园写生；孩子喜欢动物，可以带去动物园，聊聊各种动物的话题。例如我家大儿子非常喜欢鱼，小时候我就经常带他去水族馆。

珍贵的时间和经历，都是"物质"和"金钱"买不到的。把它们作为奖赏，家人之间的羁绊会变得更深。你们之间创造的回忆，关系着孩子的身心成长。

因此，父母不要总是说自己很忙，请尽量抽出时间，给予真正能留在孩子心中的奖励吧。

儿子说

　　大概是因为父母"不以物质为奖励"的教育方式，使我们兄弟三人长大以后，对物质的执著相当低。我们对名牌或所谓的奢侈品完全没有兴趣，而是看重东西的功能性和实用性。（甚至现在我还经常被母亲说，要我买些好点的鞋子穿……）

　　但这不是出于想要在经济上节约。因为我们对获得有趣的经历、旅行、美食，比别人都要贪心呢。我不知道这是不是比追求物质要好，但至今确实收获了数也数不清的回忆。

　　这里我想多提一句。如果你也喜欢水族馆，东京铁塔水族馆虽然有一点点旧了，却是个一般人不知道的好地方哦。

31

不要用零用钱培养孩子金钱意识

お小遣いで金銭感覚を教えてはいけない

人为什么需要钱呢？是因为买东西、过生活，都缺不了钱。

那么，如果不用买东西，又可以保证最低限度的生活，我们还需要多少钱呢？

如今这个世界，太多的事情让你感觉，不过是纸片一张的钱，却支配着一个人的一生。在这种环境下，是很难教导孩子正确的金钱观的。

有的父母觉得："我给孩子零用钱，是为了培养他的金钱意识。""通过亲自管理零用钱，好好使用，可以掌握金钱观。"但这究竟是不是最好的方法呢？

如果给孩子零用钱，孩子下意识就会认为："有了钱，可以买许多东西。""有钱就开心。"还有的孩子会这么想："如果有更多的钱，可以买更多的东西，就会更开心。"

当然，也有的孩子会有节制地使用零用钱，有自己的想法，比如会想："手上的钱，我要花得精明。""我不能浪费钱。"

但是在如今这样一个消费社会中，孩子也是市场的目标。有许许多多的诱惑，在促使孩子花钱。手机游戏、漫画、服装、零食……孩子想买的东西越来越多，有再多钱都觉得不够。

　　消费市场采取各种各样的手段，诱惑孩子消费。正因为此，父母不应该去想"该给孩子多少零用钱"、"该给孩子多少东西"，而应该考虑"怎么做，才能让自己的孩子不要总渴望金钱和物质"。

　　最重要的是告诉孩子："用钱买不到的东西，才是最珍贵的。""友情、爱情、家人之间的羁绊、诚实的心灵、健康……真正重要的事物，是花钱也买不到的。""还有很多不用花钱也很快乐的事情。""过于依赖金钱，是不会幸福的。"

　　这些才是必须教给孩子的真正的"金钱意识"。

　　那么，该怎样培养这样的金钱意识呢？

　　可以教给他们很多不用花钱也能玩得开心的游戏，例如谁都会玩的捉迷藏、"一二三，红绿灯"、跳绳等等，什么都行。

你家的孩子最近在玩这种游戏吗？如果没有的话，请一定试试看和孩子一起去公园玩。如果孩子明白这些游戏比起一个人在家打电动、看电视、看漫画好玩得多，他们就会变得爱去室外玩耍。

下雨天，和孩子一起出门找蜗牛；天气好的时候，玩走路不踩到对方影子的游戏；到了晚上，可以看星星，讲讲希腊神话；一起烤面包和蛋糕；在海边收集贝壳，用沙子堆城堡；去钓鱼，比赛谁钓上来的鱼最多；练习打水漂；大声唱歌；从许多车子的车牌里找数字……

这些好玩的游戏数都数不清，而且全都不用花钱。

在我家，三个儿子小时候起我们就一直玩这些游戏。他们不会主动想要什么玩具，就算给他们买也不多看一眼，会说"玩具没多久就会玩腻的啦"。

儿子们上高中之前，我都没给过他们零用钱。只有需要用钱时他们才来和我商量，我再给他们钱。孩子们长大一些之后，我也问过他们："那时候没钱会觉得不方便吗？"三人异口同声说："完全没感觉有什么不自由哦。"

他们唯一收到钱的机会，就是每年新年的压岁钱。但他们从来不自己花掉这些钱，总是对我说："妈妈你拿着。"我们给儿子们申请了银行账户，把压岁钱存起来，等他们大学毕业时一次交还，成了他们人生新出发的"第一桶金"。

这种育儿方式的结果就是，儿子们慢慢地成了不渴求物质的人。

大儿子在公司升职了，我们为了祝贺他，买了名牌包包给他。但他却非常生气地说："你们明明了解我是什么样的人！我不需要这么贵的东西。请你们别再买了。"一开始我对他的反应感到很吃惊，但因为他说的是对的，我也好好作了反省。

人的价值，不能用金钱和物质来衡量，钱买不到的东西才是宝物。珍惜朋友，和家人保持紧密联系，注重健康，不撒谎，努力做事……不是收集金钱，而是这些人生至宝，才能通往真正的幸福。

儿子说

恰到好处的金钱观是挺难的，首先当然不能浪费，但也不能太吝啬。金钱欲太强是个问题，可是也应该确保自己能过上比较舒适的生活。这种连大人都难以把握的尺度，要让孩子理解，确实是个难题。父母努力工作才能挣到钱，充分了解这一点，珍惜金钱，怀着感激去使用，是培养孩子金钱意识的基础。

小时候，我虽然没有拿过零用钱，但也从没有感觉不够钱花。想要什么东西、想要干什么的时候，我会和父母商量，有一次算一次地问他们要钱。因为要和父母商量，每次必须考虑好该怎么说。不知不觉间就发现，自己不再想买多余的东西了。

另一方面，父母从不吝啬在旅行、工作等方面的花费。我想这也培养了我比起物质，更重视经验的意识。

32

不要忽视青春期的荷尔蒙机制

思春期のホルモンのメカニズムを无视してはいけない

经常可以听到这样的说法："孩子到了青春期，反抗父母是正常的。"

为什么青春期的孩子会叛逆呢？青春期，真的就等于是叛逆期吗？是心态问题，还是因为身体产生变化了呢？

"体内的荷尔蒙变化"被认为是青春期孩子情绪不稳定的原因之一。因此，对于迎来青春期的孩子们，一定要让他们理解人体的荷尔蒙机制。通过充分了解自己的身体，孩子就可以安稳地度过青春期。

青春期孩子的体内，会大量分泌出成长荷尔蒙、男性或女性荷尔蒙，帮助孩子的身体变成大人。由于这些荷尔蒙的影响，孩子时而烦躁，时而消沉，时而兴奋，时而失眠；有时候突然想哭，有时候笑不停口，有时候早上起不了床。这都是在成长过程中自然的生理现象，与周围环境无关。

孩子如果不理解自己身体的机制，就会往外寻找心情变差的原因。"因为我爸妈很烦人！""因为周围人不理解我！"	"因为这个社会不公平！"	"因为那家伙太恶心了！"像这样，将自己心情不好的原因怪在别人头上。

加上自我意识提高，令他们对别人的言行过度敏感，连带自己也会变得烦躁，讨厌自己，甚至伤害自己。有的小孩为了舒缓坏心情，会唱歌跳舞，甚至大闹一番。也有时候会怪在自己亲兄弟身上，或者怪学校、社会，总之把怒气撒在周围环境上。

身边的大人看到青春期的孩子，会认为"这是进入叛逆期了呢"、"这是自然现象，别理他就行"等等，把这些孩子当作不能碰的炸弹一样。

这样一来，有的孩子更加感到被孤立而痛苦；有的孩子遇到坏朋友，惹是生非。相反，如果孩子交到同年纪的好朋友，就能够互相支持，顺利度过青春期。

这段重要又辛苦的时期，作为父母，该如何守护孩子，给予他们好的建议呢？

首先，必须告诉他们青春期的荷尔蒙机制。不是等到孩子开始分泌荷尔蒙才教，而是在青春期到来之前就要做。最近孩子们的青春期来得越来越早，我觉得九岁左右教最合适。

请反复和他们说："从现在开始，你要慢慢成为大人了。为了构建大人的身体，你的体内会分泌许多成长荷尔蒙。因为这些荷尔蒙的关系，你会突然觉得心烦，容易生气，莫名想哭，还会睡不着，但千万不要慌张！这些情绪在青春期结束后就会消失。迎来青春期是非常好、非常自然而值得高兴的事情。可能你会感觉心情有点差，但这不是你的错，也不是妈妈、哥哥或弟弟的错，更不是朋友、社会的错。全部都是荷尔蒙的影响哟！"

"这些荷尔蒙在一天中有分泌多的时候，也有不怎么分泌的时候哦。只要稍稍忍耐一下，就能立刻恢复到平常的状态，不必担心哦。"这么解释，教会孩子如何面对荷尔蒙带来的情绪。

孩子如果明白自己心情变差的原因，那么在他感觉烦躁的时候，就可以自我控制。他会想："只要荷尔蒙水平回复正常了，自然就好了。"

我家三个儿子就是通过这个方法，安稳度过青春期的。就算偶尔因为心烦而对兄弟发了脾气，等荷尔蒙分泌正常后，也会坦诚地和兄弟道歉。

因为我知道孩子的这些变化，并不是因为处在叛逆期，而是荷尔蒙的原因，所以事先和他们好好解释以后，我会静静地在一旁，关爱地守护着陷入成长期烦恼的孩子们。我们要记住，孩子并不是在反叛，而是在成长。

如果明白这样的身体机制，亲子之间、兄弟之间就不会出现不必要的争吵了。所以，请务必尝试将荷尔蒙的知识，告诉青春期来临前的孩子。

儿子说

有关青春期荷尔蒙的话题，我认为它象征的是在更广泛意义上的，关于身体、情感、自我独立性的问题。无法自控的身体变化、情绪波动，不仅仅会在青春期发生，也是贯穿一生的课题。产生这些变化的时候，该如何冷静处理？父母教我的是："重要的是知道这种变化不一定是因为自己的错。"这样的想法，一定能让青春期的孩子在心理上更为放松。

举个听起来有些奇怪的例子：根据以色列的一项研究，如果是午餐前，即法官饿肚子的时候，进行是否释放受刑者的审议，比午餐后进行的审议，释放率要低得多。[1] 我不清楚这项研究是否能作为"法官空腹状态会影响司法制度"这一观点的证据。但换个角度来看，法官也和青春期孩子一样，也有必要做好情绪管理。

---

1 "Hungry judges dispense rough justice." *Nature,* April 11, 2011

33

不要忽视孩子的身份认同

アイデンティティーの確認をおろそかにしてはいけない

"我是谁？"

"我为什么在这里？"

"我以后的目标是？"

大家有没有问过孩子这三个问题？

这是人生中永远的难题，我们无数次都为它们所烦恼。如果孩子答得上这三个问题，说明他们已经能建立身份认同了。如果孩子无法回答，就说明他们还不清楚自身存在的意义，处于迷惘的状态。确认自我的身份，也是一趟"寻找自我的旅程"。

经过烦恼和思考后找到自我，人就能建立梦想和目标，集中精神，毫无杂念地前进，把失败化作经验，提高下次成功的几率。而且，即便最后无法走到终点，但一个一直追梦的人，仍然会感到自己活得生气勃勃，充满幸福。

因此，帮助孩子建立身份认同，是父母的重要使命。

请和孩子一起思考如何寻找这三个问题的答案吧。

"我是谁？"想要回答这个问题，需要许多知识。

· 我的名字叫○○○。为什么会取这个名字？它的由来是什么？

· 在香港，生为男孩子或女孩子代表着什么？

· 中国人是什么样的人种？香港的历史是怎样的？

· 爸爸妈妈是怎样的人？

· 我们家的祖先是什么样的人？

"我为什么在这里？"回答这个问题，也需要许多信息。

· 因为家乡在这里？

· 因为爸爸妈妈选择在这座城市生活？

· 因为这里有工作，有学校？

· 这里是什么样的地方？

· 这里的历史和特色是什么？

· 这里住了什么样的人？

"我以后的目标是什么？"

· 你想成为什么样的人？

· 你喜欢什么，想学什么？

· 想在哪里生活？

· 想和什么样的人在一起？

· 想在哪里离开人世……？

各种疑问多到数不清。父母一定要和孩子一起，进行这项困难的作业。

"任谁都有迷惘的时候。迷惘是当然的。"

"你最喜欢什么样的自己？试着想想看！"

"如果有答案了，就朝着那个方向前进。"

"特别是处于青春期，或者毕业、就职、结婚，孩子自立时，人确实会感到迷惘。"

"在成长过程中，虽然会遇到各种各样的烦恼，碰不少壁，但要继续寻找这三个问题的答案哦。"

"不要慌张，要相信自己。"

请告诉孩子建立身份认同的重要性，让他们明白谁都会遇到身份认同的危机。这是父母必须为孩子做的最起码的身份认同教育。

当然，还有其他父母可以帮上忙的事。

比如，知道孩子擅长和不擅长什么之后，给予鼓励：
"你做得很好哦，再往前走一步吧？"对于还没确定目
标的孩子，可建议他多尝试些不同的事情，增加选项，
也可倾听他们的迷惘。

只是到最后，孩子仍然必须靠自己，在烦恼中找到
答案。

"身份认同"这一概念在欧美国家，已经是育儿时
必须开展的基础课题。

"我就是我，不是其他任何人。"明白自己就是这
样的人，孩子就能保持自信心。

如果能够认同自己，孩子就会非常积极地发挥出实
力，发现人生的意义，生活的喜悦也倍增。因此，请父
母多花时间，帮助孩子找到他最喜欢的自己吧。

儿子说

说起身份认同，很多时会倾向国籍方面的问题。但实际上，它有着超越国家、政治的广泛意义。就我个人来说，我的身份认同其实很混乱。

出生在加拿大，在日本长大，现在住在美国。母亲是中国人，但不是生在中国内地而是香港；父亲则是日本人。我妻子的父母出身在形势更复杂的中国台湾，真的是没办法理个一清二楚。

身份认同，也是对"我是为谁而活"这一问题的解答。这么一想，答案就简单了。为了家人、朋友、亲戚，以及自己居住的城市；为了故乡、国家、全人类。这种想要更深远地为什么做出贡献的想法，也许正是一种身份认同。到了今天，我仍然很怀念以前为了身份认同而烦恼的阶段。

Goodness

善与恶，这是人类永恒的话题。

我不想让孩子变成那种只要自己好就行的人，想令他们明白帮助别人带来的喜悦，能体会重视他人带来的力量，成为懂得感恩，能够报恩的人。

34

不要培养出自我中心的孩子

自己中心的な子に育ててはいけない

经常看见一些自我中心的孩子，在超市里向父母撒娇："给我买这个！"

或者在公共场合四处乱跑，父母劝都劝不停。如果硬要让他乖，就大声哭给你看，甚至动手打父母，满地打滚，乱哭一气。

乘车时，有些年轻人即使身边有比自己还小的小朋友也好，有老人也好，都不会主动让座。自己喜欢的食物，不愿与周围人分享，但是一旦别人用了自己的东西、吃了自己的食物，就立马生气。

总之，对什么的独占欲都很强，任何事以自我为中心来考虑。

如果孩子有以自我为中心的趋势，一定要改正过来。如果就这样让他长大，以后会变成给别人添麻烦的人。他们会交不到真心的朋友，亲兄弟之间还能忍耐，但学校里的朋友渐渐都会离他而去。最终，长大以后只能度过孤独的人生。

那么，怎样做才能改过来呢？

那就是要从小让孩子"体验到待人以善的喜悦"。

找机会给孩子能发自善心，为他人做事，感受到因为他做的事而增添了别人的喜悦，孩子就会体会到无上的幸福。

而这份幸福，一定是他们前所未有的，心里被填满的充实感。比自己要性子，想干什么就干什么要开心得多。孩子会了解到一种全新的快乐感受，发现原来有比以自我为中心更快乐的事情。

只要记住一次这个感觉，孩子就会在不知不觉中改变自己的行为。大人要鼓励、支持他们，让孩子日积月累，成为一个能为他人着想的人。

为此，父母应该从自己开始，做好表率，多点帮助别人。

例如，和孩子乘电车时，主动让座给有需要的人，并和孩子解释为什么要让座，教孩子要体恤他人。"那个阿姨肚子里有小宝宝哦。""婆婆一直站着很容易累。"

或者走在路上时，捡起地上的垃圾，告诉孩子公德心的重要性。"为了让大家生活得干净，不能乱扔垃圾哟。""看到有垃圾，就要捡起来。"

在餐厅吃饭时，如果有好吃的东西，大家一起分享着吃，告诉孩子分享的快乐。"大家一起吃会更美味哦。"

参加义工活动时也是，能带上孩子的话，就把孩子一起带去。

看到报纸、电视上有关生活在战乱地区的孩子们的报导时，和孩子一起思考："他们的生活真惨呀。我们能帮他们些什么吗？"

像这样，让孩子思考用自己的力量帮助别人的方法，明白一定有自己能做的事，从这些开始起步。

接着制造一些机会，例如看到路上有垃圾，告诉孩子："啊！你看，那里有垃圾哦。"等孩子跑过去拾起后，把孩子抱起来表扬一下："好厉害呀。道路都变干净了呢。"回到家之后，也和爸爸汇报："今天〇〇在路上捡起了垃圾哦。"然后让爸爸也抱抱孩子，夸赞一番。

诸如此类持续下去，孩子就能深切体会到帮助别人的喜悦。"虽然自己的事情很重要，但是朋友的事也要上心哦。"苦口婆心地多说几回，孩子自私任性的行动自然就会减少。

如果不经过这些过程，孩子吵闹的时候，就算你批评他："会给人添麻烦的吧！""你丢不丢人啊！"孩子也理解不了。但是，如果明白要重视他人，自私任性的言行就会越来越少。

不是因为怕添麻烦所以不去做，也不是因为有谁看着自己所以不去做。请教导孩子："因为别人也很重要，所以不能做。""自己是可以帮助别人的。""因此，为了别人，为了让别人开心而做吧。"

儿子说

小时候心情不好，母亲肯定会对我说："不要总考虑自己，多想想周围的人，这样会轻松一些。"表面上看似无视了近在眼前的问题，只是安慰的话，但每次都非常有效果。

孩子也好，成人也罢，有时都要直视人最根本的无力感。那时候，就算不能为自己做任何事，也应该可以为别人做些什么。这是确认自己并非无能为力的一个方法。不以自我为中心的人，不会总是惶惶不安，始终能够保持向前。

35

不要忘记感恩

感謝の気持ちを忘れさせてはいけない

所谓感恩，是珍惜自己所处的位置、环境，知道这是"极为难得的恩惠"。

生活在香港或者日本这些富裕的地方，很容易会认为生活便利是理所当然的，甚至被各种欲望所征服，想要更轻松地生活，吃到更好吃的东西，住在更好的房子里。

比起"珍惜"，也许更多人对现状感到"不满"。说不定就连对亲生父母也没有感激之情，对于培养自己的人们也不感恩。这样的人认为自己能成功，全都是自己一个人的功劳……如果是这样，真的太可怕了。

人们常说："不懂得感恩的人，一生都不会感到满足。"他们会被大家所讨厌，也许最后的结局会很悲惨。我绝不希望孩子变成这样的大人。因此，从孩子小时候起，就要教导他们懂得感恩。

感恩之心，是从哪里产生的呢？是从意识到"自己现在拥有的，绝不是理所当然的"开始。

例如就连"生命"也不是理所当然的。父母应该和孩子说："你的生命，是在许多人的努力中诞生的。爷爷和奶奶结婚后有了爸爸，之后爸爸和妈妈相遇，跨越重重阻碍结了婚，然后你才会出生。但是，这也是由于爸爸妈妈没有生病，才能顺利怀孕的哦。当中也托医生帮忙查看，怀孕过程中，妈妈也摄取了充足的食物。所以你能健康地生下来，真的太好了呢。""你的生命，正是由这样的缘分和条件集齐而诞生的哦。所以一定要珍惜自己的生命，要感谢所有的人、事、物。"

再比如"生存"。"世界上有许多小朋友，好不容易生下来了，却不能活下去。因为战争、贫困、自然灾害或者生病，五岁之前就死亡的小孩子，每年有六百万人啊。"然后问问孩子："那么为什么你可以这么健康地生活呢？"同孩子一起思考。

孩子经过一段思索之后，再说出他的想法。这样的对话，即使是两三岁的小孩也能够理解。"因为有爸爸妈妈。""因为能去上学。""因为能吃上饭。""因为能喝到干净的水。""因为肚子痛了可以吃药。""因为有房子住。""因为我生活在和平的国家。""这些全都不是理所当然的哦。"

发自心底向孩子诉说："要对一切感恩哦！"这样孩子也就自然懂得感恩了。

有感恩之心的孩子，自然会成为"懂得报恩"的孩子。他们会想，自己健健康康地努力生活，就是报恩；为了他人努力工作，也是报恩；孝敬父母更是如此。对于人生的苦与乐，都抱着一颗感谢、报恩的心生活，这样的人才是幸福的。

这样的孩子，会成为一直积极向上，永不言弃，不抱怨，努力奋斗的人。

通往幸福的捷径，就是不忘感恩，日日报恩。希望大家能把自己的孩子培养成不会忘记感恩的人。

儿子说

　　感恩是很复杂的。虽然有感恩的心很重要，但如果是为了被感谢才行动，就大错特错了。不管是再怎么半吊子的父母，孩子都应该感谢他们；不管是再不孝顺的孩子，父母也会为孩子努力。

　　这种感恩的心态，并不单单只是得到了什么之后表示感谢而已。也许是对自我存在或者现实的感激吧。可能我这么想有点乐观，我觉得大部分人都会认为"活着真好"。

　　这份简单又朴素的感情，正是"感恩"，而我觉得它的源头就是父母。

　　妈妈，谢谢你。

　　爸爸，也谢谢你。

　　我从心里感激你们。

后记

　　教育子女，是一份无法评分的作业，一个不求回报的任务。对我来说，养育孩子的过程中体会到的喜悦，就是最大的褒奖。

　　这次，大儿子为我的育儿方式写了一些他的感想。说出来有些不好意思，但我实在一边读一边感到十分激动。他掺杂着幽默感的文章里满溢着爱，读他的文章，令我心头一热，不知不觉已经泪眼汪汪。孩子的成长令我感动，我真的想向宇宙万物表示我的谢意。

　　当然，我一直是小心谨慎、倾尽全力走这一条育儿之路。但是，能把儿子们培养长大，不光是靠我们夫妻二人，是得到了周围的人、学校、社会、职场等各方的帮忙而达成的。全靠所有在孩子身边的人们的协助，孩子才得以顺利长大成人。

我深切地感受到，大儿子的成长远远超越了我的期待和想象，他已成为了一个顶天立地的男子汉。

身为父母最安慰的，就是孩子变得比自己更优秀。

我从大儿子简短的文字中了解到，他把我们夫妻俩的教导咀嚼、消化、吸收了，并与其他知识相结合，用他自己的方式朝气勃勃地生活着。

他三岁时，我曾经问他："好的家庭是什么样的呀？"那时，他把自己的小手放在胸口，对我说："好的家庭，就是一想起家人，这里就暖洋洋的。"

这就是真理啊！

我以他说的这句话为目标，一直不遗余力地教导孩子。而现在我的心中，也充满了一股舒心的暖意。因为有家人的温暖，我的心底永远都是暖乎乎的。

和平、升平、协平，谢谢你们！

孩子们的爸爸，谢谢你！

谢谢大家！

我想告诉正在育儿的各位父母：爱从爱来，心由心育，生命紧紧相连，育儿本身就是生命的表现。

请大家不要害怕，相信你与孩子的羁绊，以自己的方式，快快乐乐地和你的孩子，度过充满光明的每一天吧。

——陈美龄

图书在版编目（CIP）数据

家长不要做的35件事 / [英] 陈美龄，[日] 金子和平著；
陈怡萍译. —上海：上海三联书店，2021.1重印
ISBN 978-7-5426-6539-3

Ⅰ.①家… Ⅱ.①陈… ②金… ③陈… Ⅲ.①家庭教育
Ⅳ.①G78

中国版本图书馆CIP数据核字(2018)第241918号

家长不要做的35件事

著　　者 / [英] 陈美龄　[日] 金子和平
译　　者 / 陈怡萍
责任编辑 / 职　烨
装帧设计 / 一本好书
监　　制 / 姚　军
责任校对 / 张大伟

出版发行 / 上海三联书店
　　　　　（200030）中国上海市漕溪北路331号A座6楼
邮购电话 / 021-22895540
印　　刷 / 上海普顺印刷包装有限公司

版　　次 / 2019年5月第1版
印　　次 / 2021年1月第5次印刷
开　　本 / 787×1092　1/32
字　　数 / 60千字
印　　张 / 7.875
书　　号 / ISBN 978-7-5426-6539-3/G·1512
定　　价 / 38.00元

敬启读者，如本书有印装质量问题，请与印刷厂联系021-36522998